왜 나는 영업부터 배웠는가

ZETTAI WARYOKU by Daisuke Toki
Copyright © 2013 by Daisuke Toki
All rights reserved.
First published in Japan by TOYO KEIZAI INC., Tokyo.

This Korean edition published by arrangement with TOYO KEIZAI INC., Tokyo
in care of Tuttle-Mori Agency, Inc., Tokyo through Yu Ri Jang Agency, Korea.

이 책의 한국어판 저작권은 유리장 에이전시를 통한 저작권자와의 독점계약으로 ㈜다산북스에 있습니다.
저작권법에 의해 한국 내에서 보호를 받는 저작물이므로 무단 전재와 무단 복제를 금합니다.

소심했던 내가 골드만삭스의 사장이 될 수 있었던 비결

Goldman Sachs
왜 나는 영업부터 배웠는가

도키 다이스케 지음 | 김윤수 옮김

| 프롤로그 |

소심했던 내가 골드만삭스의
사장이 될 수 있었던 비결

영화 「월스트리트」를 동경하다

낯을 많이 가리고 사람들과 만나 이야기하는 것이 어려웠다. 그런 사람이 어떻게 눈 감으면 코 베어 간다는 글로벌 금융 기업 골드만삭스에서 살아남을 수 있었을까. 그리고 최고의 자리까지 오를 수 있었을까. 이것이 이제부터 내가 하려는 이야기다. 나는 골드만삭스의 말단 영업사원으로 시작해 오로지 '고객에게 도움이 되고 싶다'는 신념 하나로 지금까지 일해왔다. 그 마음이 21년 반에 이르는 골드만삭스 생활을 지탱해주었고, 내가 최고의 자리에 오를 수 있었던 이유라고 생각한다.

내가 왜 영업맨, 그것도 세계 최고의 금융 기업인 골드만삭스의 영업맨이 되었을까. 돌이켜보면 미국에서 유학 중이던 1987년에 「월스트리트(Wall Street)」라는 영화를 봤을 때 운명이 결정된 것 같다. 거물 트레이더인 고든 게코(마이클 더글러스 분)를 동경하는 버드 폭스(찰리 신 분)가 사무실 책상에 다리를 올려놓고 통화하는 모습에 도취되었던 것이다. 그 모습은 정말이지 '유능한 비즈니스맨' 그 자체였다. 고든 게코가 도전을 하며 서서히 출세하는 모습에 나는 몹시 흥분했고, 나 역시 아메리칸드림을 상징하는 '월 스트리트'에서 일해보고 싶다는 발칙한 꿈을 꾸게 되었다.

그것이 얼마나 힘든 일인지 알지도 못하면서 그저 스크린에 보이는 화려한 금융업의 세계와 생생한 비즈니스 감각에 온몸이 짜릿했었다. 그리고 그 당시 영화 「월스트리트」에 매료된 건 나뿐만이 아니었다. 미국 젊은이들 사이에서도 주인공인 고든 게코를 동경해 투자은행에 입사하거나 그의 패션을 따라 하는 이른바 '게코 열풍'이 불었던 것이다. 영화 「월스트리트」가 사회와 젊은이들에게 얼마나 강렬한 인상을 남겼고 영향을 주었는지 충분히 짐작이 되리라 생각한다.

아무튼 그 영향으로 인해 나 또한 세계적으로 손꼽히는 투자은행 골드만삭스의 문을 두드렸다. 그리고 그것이 내 영업맨 인생의 첫걸음이었다.

1989년 가을, 골드만삭스의 입사 면접은 지금도 내 뇌리에 선명하게 남아 있다. 일본에서 1차 면접을 마친 뒤 다음 면접은 뉴욕에서 봤으면 한다는 말에 내 가슴은 요동쳤다. 점심 무렵에 비행기를 타고 나리타[成田] 공항을 출발해 12시간 반 뒤 뉴욕에 도착했다. 호텔에서 샤워를 하고 곧장 골드만삭스 본사로 가서 오후 3시부터 면접을 보았다. 저녁까지 식사를 겸한 면접이 이어졌고, 이튿날 아침에는 7시 반부터 본사 응접실에서 한 번 더 아침식사를 하며 여러 명의 면접관과 면담을 했다. 그리고 그날 점심 무렵에 다시 나리타행 비행기를 타고 일본으로 돌아왔다. 뉴욕에 체류한 시간은 고작 24시간으로 1박 3일의 강행군이었다.

　당시 일본에서는 '리게인'이라는 에너지 드링크의 텔레비전 광고 로고송이 유행하고 있었다. '노랑과 검정은 용기의 상징, 24시간 싸울 수 있습니까? 리게인, 리게인, 우리의 리게인'이라는 가사를 기억하는 사람도 있을 것이다.
　일본에서 출발할 때만 해도 시차 적응에 대비해 리게인을 비롯한 각종 에너지 드링크를 가방에 챙겨 넣으며 "24시간 싸울 수 있습니까?"라며 리게인의 로고송을 흥얼거렸다. 다행히 면접에 합격하여 정식으로 골드만삭스에 입사했는데, '24시간 싸우는 일' 따위가 흔한 일상이 되리라는 걸 깨닫기까지는 그리 오래 걸리지 않았다.

낯가림이 심한 나는 영업과 맞지 않다?

고든 게코를 동경해 골드만삭스의 영업맨이 되었지만 지금 와서 돌이켜보면 정말 당치도 않은 야심을 품었다는 생각이 든다. 일단 나는 소심한 성격에 낯을 많이 가리고 처음 만난 사람과 이야기를 잘하지 못했으니까.

지금의 나를 아는 사람들은 의외라 생각하겠지만, 나는 젊은 시절에 사람들과 잘 어울리지 못해 혼자 있는 시간이 많았다. 워낙 긴장을 쉽게 하는 성격이라 친하지 않은 사람을 만난 뒤에는 에너지를 너무 많이 소진해 며칠 동안 아무도 만나지 못했다.

학창 시절 딱 한 번 미팅에 나간 적이 있는데, 그처럼 지친 날은 없었다. 여학생들과 친해지기는커녕 미팅 내내 긴장과 걱정이 끊이지 않았다. 하물며 나는 술도 잘 마시지 못해서 맥주 한 캔을 비우는 것도 어려웠다. "내가 두 번 다시 미팅을 하나 봐라."라는 말이 절로 나올 정도로 미팅이라는 것에 완전히 질려버렸다. 내 인생에서 미팅은 그때가 처음이자 마지막이었다.

솔직히 그런 성격은 지금도 별반 다르지 않다. 업무상 나를 아는 대부분의 사람은 내가 활발하고 말하는 걸 좋아한다고 생각하는데, 그건 오랜 영업맨 생활을 통해 고객 응대 경험을 쌓으며 말을 잘하게 된 것도 있고 술을 마시면 말이 많아지기 때문일 것이다. 실은 아직도 혼자서 조용하게 학문에 몰두하거나 책 읽는 것을 좋아하고,

사람을 만나면 내가 먼저 나서서 말하는 것보다 가만히 들어주는 게 더 편하다.

그런 내가 20년 넘게 영업의 최전선에서 활약하고 골드만삭스의 사장이 될 수 있었던 비결은 고객들의 가르침과 세계 최고의 영업 고수라 불리는 선배들의 지도 덕분이다. 더불어 콤플렉스를 극복하기 위해 개발한 나만의 비장의 무기가 있었기 때문이다.

필사적인 노력으로 절대 대화법을 개발하다

사람을 끌어당기는 말솜씨를 가진 사람이 있다. 친화력이 좋아 누구하고든 금방 마음을 터놓고 지내는 사람도 있다. 둘 다 영업맨으로서 귀중한 재능을 가졌지만 그런 천부적인 자질을 지닌 사람만이 영업의 세계에서 성공하는 것은 절대 아니다.

언뜻 보기에 영업과 전혀 어울리지 않는 조용하고 소심한 성격의 사람이 타의 추종을 불허하는 엄청난 성과를 올리는 일도 영업의 세계에서는 비일비재하다. 그런 사람들은 필시 자신만의 무기를 가지고 있다. 그 무기는 사람마다 다르겠지만 자신의 약점을 제대로 파악한 후 이를 보완하기 위해 만든 무기이다.

나는 낯을 가리고 긴장을 쉽게 하는 성격 때문에 영업을 잘할 수 있는 방법에 대해 필사적으로 생각했다. 그리고 마침내 나만의 무기이자 이 책에서 소개하는 '절대 대화법'을 개발할 수 있었다. 나중에 자세히 설명하겠지만 그중에서도 '1분 대화법'과 '10초 대화법'을 잘 활용한 덕분에 전설의 영업왕, 그리고 골드만삭스 최고의 자리까지 오를 수 있었다.

절대 대화법은 영업뿐만 아니라 상사에게 자신의 생각을 전달할 때, 기획안에 대한 프레젠테이션을 할 때, 혹은 면접에서 자신을 어필할 때에도 강력한 무기가 된다. 그 때문에 영업맨뿐만 아니라 다양한 직종에 종사하는 비즈니스맨들에게 이 무기의 위력과 사용 방법을 전수하고 싶은 바람이 있다.

영업을 하면서 나는 '영업의 본질'에 대해서도 줄곧 생각해 왔다. 영업의 사명은 고객이 구매를 하게 만드는 것이다. 즉, 고객이 'Yes'라는 결정을 내리도록 돕는 일이다.

그렇다고 해서 무조건 비즈니스만 성사시키면 된다고 생각하진 않는다. 간혹 뛰어난 말솜씨로 끝까지 상품에 대한 결점은 숨기면서 온갖 달콤한 말을 늘어놓아 고객의 서명만 받으면 뒷일은 알 바 아니라는 생각을 가진 사람들이 있다. 그 또한 하나의 영업 스타일이지만 내가 지향하는 영업과는 다르다. 나는 고객에게 이득을 줄 수 있는 정보를 충분히 제공하고, 고객이 나와 계약하길 잘했다고 생각하는, 'Win-Win 영업'을 추구해 왔다. 시간과 수고가 많이 드는 영업 스타일이지만 내가 오랫동안 영업을 할 수 있었던 건 이 스타일을 철저하게 고수해 온 결과라고 생각한다.

나는 고객들의 신뢰를 얻고 관계를 잘 유지해 온 덕분에 수많은 비즈니스 성과를 만들어냈고, 결국엔 골드만삭스의 사장 자리에 오를 수 있었다. 그리고 이러한 과정을 '3단계 설득법'으로 정리했다. 이에 대한 소개 역시 본문에서 자세하게 진행할 예정이다.

도표1 | **3단계 설득법**

	1단계	2단계	3단계
목적	마음을 사로잡는다.	정보를 전달한다.	결정을 내리게 한다.
행동	고객과 신뢰를 쌓고 니즈를 발굴한다.	니즈를 파악한 뒤 그에 맞는 솔루션을 제공하고 비즈니스를 제안한다.	고객이 결정할 수 있게 마지막으로 등을 민다.
시간 배분	50%	30%	20%

세계 최고의 인재를 꿈꾸는 모든 이들에게 도움이 되기를

이 책은 내가 오랫동안 발전시켜온 영업 스타일과 영업에 대한 사고방식을 설명하는 내용이다. 영업맨만을 위한 업무 지침처럼 느껴질 수 있지만, 여기서 분명하게 얘기해 두자면 영업은 고객에게 상품이나 서비스를 파는 것이 전부가 아니다. 영업에는 모든 직종에 통하는 노하우와 사고방식이 내포되어 있다. 영업은 고객에게 필요한 정보를 전달하고 판단을 돕는 일이다. 회사에서 상사에게 안건을 제안하고 결정을 요구하는 일을 영업에 비유하자면, 고객에게 상품이나 서비스를 구매하도록 제안하는 일이다. 영업을 이해한다면 상사를 수월하게 자신의 편으로 포섭해 원하는 방향으로 결정을 유도할 수 있다.

즉, 상사의 오케이를 이끌어내기 위해 상사와 좋은 인간관계를 형성하고 상사가 원하는 정보나 판단 자료를 정확하게 전달하며 최종적으로 오케이라는 결단을 내릴 수 있도록 대화를 주도하는 것, 이것이 바로 사내에서 이루어지는 영업이다. 여기서 내가 본문에서 말할 3단계 설득법을 활용할 수 있다. 비즈니스 상황뿐만 아니라 상대방이 어떤 결정을 내리게 유도하는 모든 상황에서 이 방법은 분명 도움이 될 것이다.

실제로 나는 골드만삭스에 재직할 때 뉴욕이나 런던 출신의 외국인 상사들을 모셔야 했다. 국적, 인종, 종교가 서로 다른 사람들이 내 주장을 납득해 결정을 내리게 만들려면 상사와 신뢰를 쌓고 그들이 요구하는 정보를 정확하게 전달해야 했다. 이때 나는 3단계 설득법을 잘 활용해 상사들과 원만한 관계를 유지했고 실적도 올릴 수 있었다.

3단계 설득법말고도 상사가 결정을 내리게 유도하기 위해서는 '1분 대화법'이 마지막 한 수가 된다. 엘리베이터 피치(Elevator Pitch)라는 말이 있다. 상대방과 엘리베이터에 함께 탑승했을 때와 같이 굉장히 짧은 시간 안에 자신의 생각을 전달하는 대화법이다. 대부분의 상사들은 좀처럼 이야기할 시간을 내주지 않기 때문에 엘리베이터 피치와 같이 자신의 안건을 빠르게 전달하고 결정을 유도할 수 있는 대화법이 필요하다.

1분 대화법은 입사 면접에서도 유용하게 써먹을 수 있다. 면접관은 한 번에 수백 명이나 되는 지원자를 만나기 때문에 면접자는 짧은 시간 안에 자신을 제대로 어필해야 한다.

얼마 전, 지금으로부터 약 16년 전인 1998년에 내가 면접관 신분으로 만난 지원자와 이야기를 나눌 기회가 있었다. 당시 나는 다른 면접관들처럼 처음에 자기소개를 시킨 다음, 느닷없이 "졸업논문에 대해 1분간 말해보세요."라는 질문을 했다고 한다. 그다음에는 "그럼 이것을 다시 10초간 말해보세요.", 마지막에는 "한마디로 말해보세요."라며 점차 답변을 줄여갔다고 했다. 사실 나는 그 상황이 잘 기억나지 않았지만 면접을 본 당사자에게는 쉽지 않은 면접이었는지 "잊을 수 없는 기억입니다."라고 말했다. 이에 나는 "하지만 입사한 것을 보면 제대로 대답했던 것 같군요."라고 칭찬을 해주었다. 지금 그 사람은 다른 외국계 금융 기업의 영업 매니저로 활약하고 있으며, 최근 나도 그의 고객 중 한 사람이 되었다.

면접관들은 지원자들에게 여러 가지 질문을 던지겠지만 그들이 정말 알고 싶은 건 지원자가 어떤 사람이고 이 회사와 어울리는지, 장차 우리 회사에 기여를 할 수 있을지 여부뿐이다. 내가 면접관이었을 때에도 지원자의 답변이 1분을 넘어가면 '저 사람이 대체 무슨 말을 하고 싶은 걸까?', '무엇을 알아주길 바라는 걸까?'라는 의문이 들었다. 1분 안에 하고자 하는 이야기를 간결하게 정리해서 전달하는 '1분 대화법'은 면접에서도 자신을 효과적으로 어필하는 데 아주 좋은 수단이다.

영업은 단순히 상품이나 서비스를 판매하는 일이 아니라 고객에게 필요한 정보를 전달하고 판단을 돕는 일이라고 서술했다. 모든 직종에 필요한 그 노하우를 완벽하게 습득한다면 자신의 커리어를 상승시키고 최고의 자리에 오르는 데 반드시 도움이 될 것이라 확신한다.

| 차례 |

프롤로그 소심했던 내가 골드만삭스의 사장이 될 수 있었던 비결 4

Part 1
신뢰로 상대의 마음을 움직이는 3단계 설득법

제1장 | 1단계 상품을 팔기 전에 마음을 사라   20

연애하는 마음으로 신뢰 쌓기 21 | 고객의 이득이 우선이다 25 | 신뢰도 측정을 위한 5단계 관계도 26 | 비즈니스가 성사될 시점을 추측하라 30 | 미팅 전 스스로에게 물어야 할 다섯 가지 질문 35 | 적절한 사과는 신뢰를 심화시키는 기회가 된다 41 | 영업맨의 진가는 실패의 순간에 드러난다 44 | 고객에게 만족감을 주는 접대 기술 49 | 상사를 영업의 도구로 활용하라 54 | 고객을 위하는 마음이 최고의 영업 전략이다 56 | 헛스윙 할지라도 열의를 전달하라 58

에피소드 1 대접하는 마음으로 신뢰를 쌓아라 61

제2장 | 2단계 적기에 정확한 포인트를 전달하라   64

유능한 영업맨은 활용법을 상상한다 65 | 세상에 없는 니즈를 창출하라 68 | 어려운 것을 쉽고 재미있게 전달하라 71 | 스스로 고객의 비서를 자처하라 74 | '필요 없다'는 방패를 뚫으려면 76 | 프레젠테이션도 고객과의 커뮤니케이션이다 79 | 상황별 전달 트레이닝으로 영업용 두뇌 만들기 82 | 상품에 대한 애정은 반드시 전달된다 83 | 잘 말하는 것만큼 잘 듣는 것도 중요하다 85

에피소드 2 겉과 속이 다른 금융계 사람들 88

제3장 | 3단계 최종 결정의 순간까지 확실하게 리드하라   90

영업맨에게 최종 심판은 고객의 구매 결정이다 91 | 내가 본 가장 이상적인 클로저 93 | 축구에 스트라이커가 있다면 영업에는 클로저가 있다 95 | 조직 내 의사 결정 주체인 '키 맨'을 찾아라 97 | 우유부단한 사람도 결정하게 만드는 설득법 98 | 산다, 안 산다, 생각 좀 해보겠다 101 | 결정을 촉구하는 상대적 가치 비교법 103 | 고객의 거절을 미리 거절하는 기술 106 | 영업맨에게 가장 큰 무기는 대화력이다 109

에피소드 3 고객이 계약하고 싶은 영업맨이 되려면 112

Part 2
최고의 성과를 창출하는 절대적 대화법

제4장 | 1분 대화법과 10초 대화법의 위력 — 116

1분 안에 사로잡아 10초 만에 결정하게 하라 117 | 대화의 중요성을 일깨워 준 고객과의 만남 119 | 10초 안에 첫마디로 차별화하라 120 | 1분 동안 전달해야 할 세 가지 포인트 123 | 대화로 상대방의 관점을 파악하라 126 | 마지막 순간까지 디테일에 집중하라 128 | 예능 프로그램에서 배우는 1분 대화법 130 | 세 가지 영업 타입별 1분 대화법 활용 예시 132 | 당연한 일을 당연하지 않을 만큼 연습하라 145

제5장 | 절대 대화법을 구사하기 위한 3단계 트레이닝 — 148

1분 대화법의 3단계 활용법 149 | 1단계 열 개의 소재 중 세 개만 사용해 스토리 만들기 150 | 2단계 고객의 질문을 예상해 답하기 156 | 3단계 1분을 10초로 바꾸는 트레이닝 160 | 1분 대화법 트레이닝으로 화젯거리 늘리기 161 | 상사도 결정하게 만드는 1분 대화법 163 | 비즈니스 상황 외에서 1분 대화법 활용하기 166

에피소드 4 베테랑 영업맨도 세 가지 포인트에 마음을 빼앗긴다 168

Part 3
훌륭한 부하와 팀을 만드는 매니저의 리더십

제6장 | 조직의 효율을 높이는 팀 빌딩 노하우 174

프로를 다루는 프로의 리더십 175 | 팀워크를 키워야 경쟁력이 살아난다 178 | 평범한 팀원들로 최고의 팀을 만드는 방법 180 | 팀원의 사기를 높이는 업무 평가 시스템 184 | 호통이 아닌 소통하는 매니저의 자세 187 | 조직의 판단과 개인의 책임은 나누어 생각하라 190

제7장 | 탁월한 리더가 갖춰야 할 대화의 기술 192

영업 매니저는 어디까지나 숨은 조력자다 193 | 미팅 후 보고보다 미팅 전 조언이 중요하다 195 | 보고는 보고일 뿐 그대로 믿지 마라 197 | 업무 진행도를 파악할 수 있는 질문법 199 | 가능성을 낮추지 말고 고객의 기대를 컨트롤하라 203 | 타깃과 목적이 분명한 사과를 하라 206

에피소드 5 네 영어는 뉴욕에서 안 통해! 209

에필로그 형식적인 방법으로는 마음을 사로잡을 수 없다 212
후기 220

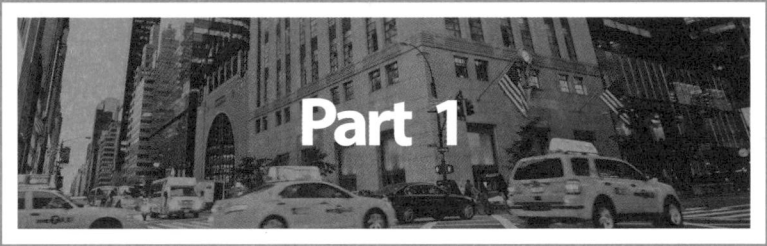

신뢰로 상대의 마음을 움직이는 3단계 설득법

제1장
1단계 상품을 팔기 전에 마음을 사라

제1장에서는 상대방의 마음을 사로잡는 방법에 대해 소개한다. 영업으로 말하자면 고객과 신뢰를 구축하고 니즈를 발굴하는 기술이다. 고객과 신뢰를 쌓지 못하면 고객이 원하는 것을 제대로 이해할 수 없고, 고객 역시 영업맨의 이야기에 귀 기울여 주지 않는다. 따라서 '신뢰 쌓기'는 영업의 시작이자 상대방을 설득하기에 앞서 가장 공을 들여야 하는 단계다.

연애하는 마음으로 신뢰 쌓기

　영업을 함에 있어 가장 중요하게 생각해야 할 가치는 무엇일까. 영업맨이라면 누구나 한 번쯤 스스로에게 던져봤을 질문이다. 대답은 사람마다 다를 것이다. 그리고 그 대답들은 모두 그럴만한 이유를 가지고 있을 것이다.
　사실 이 질문에 대한 유일무이한 답은 존재하지 않는다. 하지만 자신이 일의 중심에 무엇을 두는지에 따라 업무성과 혹은 고객을 대하는 자세가 달라질 것이다. 그리고 이에 따라 앞으로 펼쳐질 영업맨으로서의 길이 결정되기 때문에 업무를 할 때 내가 무엇을 중요하게 여기는지는 깊이 생각해볼 필요가 있다.
　나의 경우 '고객의 마음을 사로잡는 일'을 영업의 가장 중요한 가치라 생각했다. 고객의 마음을 사로잡아야만 고객과 나에게 최상의 성과를 가져다줄 것이라 굳게 믿었다. 이러한 마인드 덕분에 나는 말단 영업사원으로 시작해 골드만삭스의 사장 자리까지 오를 수 있었다.

고객의 마음을 사로잡는 일은 연애의 감정과 비슷하다. 즉, 좋아하는 사람을 기쁘게 해주고 싶다는 마음과 마찬가지다. 상대방이 기뻐하길 바라는 마음 때문에 그 사람에게 도움이 되는 정보를 전달했고, 때로는 접대를 통해 극진히 모시기도 했다.

21년 반에 이르는 시간 동안 영업에 종사해온 사람으로서 작은 팁을 주자면 고객의 마음을 사로잡기 위해서는 고객뿐만 아니라 고객이 근무하는 회사의 역사나 판매하고 있는 상품에 대해서도 관심을 가져야 한다. 현직에 있는 사람은 물론 퇴직한 사람도 오랜 세월 몸담은 회사와 회사의 상품에 대한 자부심이 높기 때문이다.

금융업에 종사하기 전 약 2년 정도 철강 업체에서 근무한 적이 있다. 당시 회사 선배는 나에게 그 회사에서 만든 음료 캔에는 눈에 보이지 않을 정도의 아주 작은 로고가 새겨져 있음을 알려주었는데, 지금도 캔 커피를 사면 무의식적으로 그 회사 로고를 찾게 된다. 짧은 기간 근무했어도 회사에 대한 애정과 자부심이 남아 있어서 로고를 찾으면 왠지 커피도 더 맛있게 느껴진다.

내가 고객 회사의 역사에 관심을 가지고 공부했기 때문에 마음을 사로잡은 경험도 있다. 회사의 높은 직책으로 승진하신 분을 처음 만나러 찾아갔을 때였다. 그 고객은 나를 처음 보자마자 "오늘은 골드만삭스에서 손님이 오신다고 해서 어떤 이야기를 해주실지 기

대하고 있었습니다."라는 말을 꺼냈다. 단순히 상품을 판매하러 간 나는 느닷없이 날아온 강펀치에 얻어맞은 기분을 느꼈다. 그리고 그분은 "산보요시[三方よし]라는 말을 아세요? 사는 사람에게 좋고, 파는 사람에게 좋고, 세상에 좋아야 한다는 오우미상인(近江商人, 일본 3대 상인 중 하나-옮긴이)의 철학이죠. 영업은 그런 일 아닐까요?"라는 말을 하였다. 영업은 그저 많이 팔기만 하면 되는 줄 알았던 나에게 너무나도 충격적인 발언이었다.

두 번째로 만났을 때는 내가 먼저 고객에게 "창업자이신 마쓰시타 고노스케(松下幸之助, 1894~1989, 마쓰시타 전기의 창업자-옮긴이) 회장님은 알려진 대로 역시 훌륭한 분이셨습니까?"라고 이야기를 꺼냈다. 마쓰시타 고노스케 회장은 일본을 대표하는 기업인 마쓰시타 전기의 창업자이자 훌륭한 리더인데 개인적으로 그분의 역사관을 방문할 만큼 관심이 많았기 때문에 이러한 질문이 가능했다. 그 고객은 "나도 젊은 시절에 만나 뵌 적이 있는데 정말로 굉장한 분이셨습니다. 흥미가 있으시면 그분에 대해 더 자세하게 설명해 드릴 테니 다음에 또 한 번 오세요."라고 하였다.

나중에 다시 고객을 찾아가니 나를 회의실로 안내한 후 오직 나만을 위해 마쓰시타 고노스케 회장의 지도력과 사고방식에 대한 프레젠테이션을 해주었다. 프레젠테이션이 끝난 후에는 나를 고객용 회사 식당의 상석에 앉혀 점심까지 대접해 주었다.

그분이 잠깐 자리를 비웠을 때 함께 자리했던 비서 분이 "저희 상사의 마음을 제대로 얻으셨군요."라고 귀띔해 주었다. 초면에 느꼈던 엄격함은 완전히 사라졌고, 그 후로는 더욱 친밀한 관계를 이어나갈 수 있었다. 자신이 근무하는 회사에 대해 자부심이 큰 사람이었기 때문에 그 회사의 역사나 창업자에 대해 관심을 보인 나 역시 좋게 봐준 것이었다.

고객과 대화를 할 때 팔고자 하는 것에 대해서만 논한다면 결코 관계를 발전시킬 수 없다. 상대방이 팔고 있는 상품이나 근무하는 회사를 알고 이것을 화제로 삼으면 대화에 활기를 더할 수 있다. 하지만 고객의 회사 상품이나 역사에 관심을 갖는 이유는 단지 그 때문만이 아니다. 고객이 사랑하는 것을 알고 이를 이해한다면 고객을 더 깊이 알 수 있기 때문이다. 그리고 이는 제2장에서 말할 고객에게 '전달한다'는 행위의 기초가 된다.

고객에 대해 잘 알지 못하면 당연히 고객을 이해할 수 없고, 마음도 사로잡을 수도 없다. 그리고 마음을 사로잡지 못하면 고객에게 필요한 것을 전달할 수 없다. 그렇기 때문에 나는 영업을 할 때 가장 우선적으로 해야 할 일은 '고객에 대한 이해를 바탕으로 마음을 사로잡는 것'이라 생각한다.

고객의 이득이 우선이다

고객의 마음을 사로잡기 위해서는 항상 머릿속에 '고객에게 도움이 되고 싶다'는 생각이 있어야 한다. 나는 골드만삭스에서 일하는 동안 나보다 뛰어난 능력을 가진 사람들을 수도 없이 많이 보았다. 하지만 내가 그들을 제치고 영업왕이 될 수 있었던 건 '고객에게 도움이 되고 싶다'는 신념을 철저하게 지키며 일한 결과였다.

고객과 비즈니스를 하면서 내가 고객에게 무슨 도움을 줄 수 있는지 늘 생각했고, 결정에 참고가 될 만한 자료나 분석 등을 모아 "혹시 도움이 되실까 해서 준비했습니다."라는 말과 함께 계속 제공했다. 여기서 중요한 것은 바로 '계속 제공하는 태도'다. 한두 번 자료를 준비해 갔다가 고객이 별로 달가워하지 않는 것 같다는 생각에 중도에 그만둬서는 안 된다.

고객에게 자료를 제공한 후에는 이를 고객이 어떻게 평가하는지 면밀하게 탐색해야 한다. 제공한 자료가 방향은 맞았지만 식상한 정보였는지, 아니면 완전히 엉터리인 정보였는지를 정확하게 알 수 있다면 이를 토대로 고객에게 정말로 필요한 정보가 무엇인지를 파악할 수 있다. 설령 제공한 정보가 고객에게 마지막까지 전혀 도움이 되지 않았을지라도 '저 영업맨은 내 생각을 많이 해준다'는 인식과 신뢰를 심어줄 수 있다.

아무튼 영업맨이 가장 중요하게 여겨야 할 고객의 마음을 사로잡는 일은 고객을 24시간 생각해야만 가능하다. 중요한 건 고객에게 도움이 되어야지, 자신의 입장을 유리하게 만드는 데에만 신경을 쓰면 안 된다는 것이다.

고객에게 제공하는 정보 가운데는 자신이 다루는 상품이나 서비스와 전혀 무관한 것도 있고, 때로는 나에게 불리한 내용을 담은 사실도 있을 것이다. 그런 정보라도 나는 고객에게 아낌없이 제공했다. 고객에게 도움이 되기 위해서라면 당연한 일이었다.

이러한 일관된 자세가 고객과의 신뢰를 강화할 수 있었던 비결이었다고 믿는다. 그리고 지금도 무척 잘한 일이라고 생각한다.

신뢰도 측정을 위한 5단계 관계도

고객과 신뢰를 쌓았다고 해도 어느 정도의 관계가 신뢰를 형성한 관계인지는 사람마다 판단 기준이 다르다. 눈에 보이지 않는 관계의 정도를 정확하게 말로 설명하기 어렵기 때문에 나는 고객과의 친밀도를 객관적으로 판단할 수 있는 5단계 신뢰 관계도를 만들어 현장에서 유용하게 활용했다.

우선 영업맨들에게 5단계 신뢰 관계도를 바탕으로 자신이 현재 고객과 몇 단계까지 신뢰를 쌓았는지 숫자로 제시하도록 지도했다. 구체적으로 설명하자면 고객과 처음 만난 상태, 즉 관계의 'ㄱ'자도 쌓지 못한 상태를 1단계, 반대로 고객과 신뢰를 탄탄하게 구축한 상태를 5단계로 설정하였다. 5단계까지 신뢰가 쌓였다는 건 언제든 고객에게 계약을 맺어 달라고 부탁할 수 있는 관계로 5단계까지 신뢰를 쌓는 일이 영업맨들의 최종 목표가 된다.

● **1단계**

아직 서로 간에 인사말만 하는 관계다. 고객과 약속을 잡기 위해 전화를 걸어도 "무슨 일인데요?", "바쁩니다."라며 쌀쌀맞게 대화를 거부하는 상태다.

● **2단계**

그럭저럭 고객과 만나 이야기를 나눌 순 있지만 "고마워요. 검토해보겠습니다."처럼 형식적인 대답만 돌아올 뿐 비즈니스를 성사시킬만한 생산적인 반응을 보이지 않는 상태다.

● **3단계**

약속을 잡기 위해 전화를 걸어 "시간 좀 내주십시오."라고 부탁하면 굳이 용건을 말하지 않아도 선뜻 시간을 내주는 관계다.

● **4단계**

서로에 대한 신뢰가 돈독해 비즈니스에 필요한 자료나 유익한

도표2 | **5단계 신뢰 관계도**

신뢰 단계	대화 분위기	고객의 반응
1단계	차갑다.	약속을 잡기 위해 전화를 걸어도 "무슨 일인데요?", "바쁩니다."라며 쌀쌀맞게 경계한다.
2단계	형식적이다.	고객을 만나긴 해도 비즈니스에 관한 이야기를 꺼내면 "고마워요. 검토해보겠습니다."처럼 형식적인 대답만 할 뿐 생산적인 반응이 없다.
3단계	조금 따뜻하다.	전화를 걸어서 "시간 좀 내주십시오."라고 부탁하면 용건을 몰라도 만나준다.
4단계	협력적이다.	비즈니스를 성사시키려면 어떻게 해야 하는지 조언과 격려를 해준다.
5단계	친밀하다.	언제든지 "계약을 맺어주십시오."라고 부탁할 수 있고, 설령 지금은 하지 않더라도 "다음엔 반드시 하겠습니다."라고 대답한다.

정보를 미리 알려주며 응원하는 관계다.

● **5단계**

고객이 영업맨을 완전히 신뢰하여 "이 계약은 당신과 하겠습니다."라고 말하는 관계다.

영업맨은 자신이 담당하고 있는 고객과의 관계가 1단계에서 5단계 중 어디에 위치하는지 정확하게 인지해야 한다. 각 단계에 따라 고객에게 접근하는 전략도 달라지기 때문이다.

내 생각으로는 신뢰 관계가 4단계 혹은 5단계에 도달해야만 비

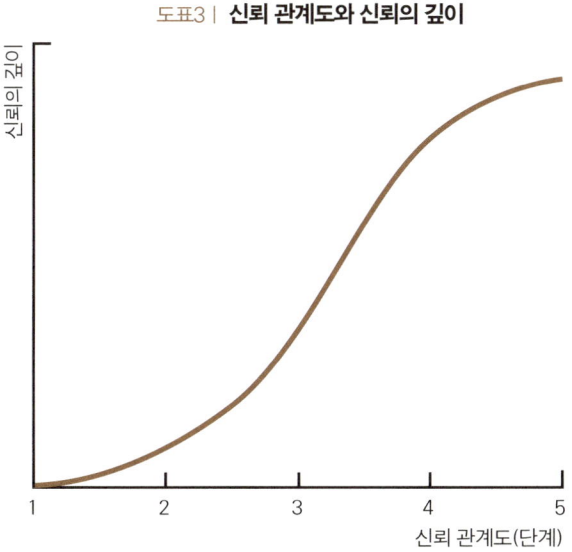

도표3 | 신뢰 관계도와 신뢰의 깊이

로소 비즈니스를 성사시킬 수 있다고 본다. 즉, 신뢰 관계가 1~3단계에 있는 고객과는 지금 당장 계약을 맺기보다 다음 단계로 진출하기 위해 무엇을 해야 할지 먼저 생각해야 한다는 것이다.

도표3에서 볼 수 있듯이 처음 1단계에서 3단계까지는 신뢰를 끌어올리는 게 쉽지 않다. 신뢰를 쌓는 일에는 요령이나 공식 따위가 존재하지 않기 때문에 좌절하지 말고 지속적으로 노력하는 것밖에는 방법이 없다.

더불어 Part3에서는 영업 팀을 이끄는 매니저의 역할에 대해 설명할 예정이다. 영업 팀 매니저는 팀원들이 각자 담당하는 고객과의 신뢰 관계가 어느 단계에 있는지를 정확하게 파악하고 다음 단계로 발전할 수 있도록 대책을 마련해야 한다.

내가 고객과의 신뢰 관계를 5단계로 정리한 건 그야말로 영업 현장에서 절실히 필요했기 때문이다. 팀원에게 현재 고객과의 관계가 어느 정도인지 물었을 때 "그 정도의 신뢰로 계약이 성사될 리가 없잖은가."라는 말을 종종 했다. 이때 5단계 신뢰 단계도를 활용하면 앞으로 팀원이 고객과 얼마나 더 신뢰를 쌓아야 할지, 그러기 위해선 어떻게 해야 할지에 대한 설명이 가능해진다.

비즈니스가 성사될 시점을 추측하라

고객과 신뢰를 쌓으면 자연히 성과가 따라온다는 내 영업 스타일로는 신규 고객과 비즈니스를 맺을 때까지 총 2년 정도의 시간이 걸린다. 즉, 2년에 걸쳐 고객의 신뢰를 얻은 다음에야 간신히 거래가 성사된다는 이야기다.

신뢰를 구축하는 데 2년이 걸린다는 말은 반대로 생각하면 그동안 실적이 오르지 않는다는 사실을 의미한다. 영업은 철저하게 실적으로 평가받는 업종이기 때문에 급여나 보너스에도 영향을 미칠 뿐더러 영업맨 당사자의 사기도 저하시킬 수 있다. 그래서 나는 신뢰를 형성하는 각 단계에 대해서도 제대로 평가가 이루어질 수 있도록 신뢰 관계를 수치화하는 작업이 필요하다고 생각했다. 그리고 이러한 경험을 토대로 5단계 신뢰 관계도를 완성할 수 있었다.

앞서 말했듯이 고객과의 신뢰 관계는 말로 설명하기 모호하고 받아들이는 사람에 따라 인식의 차이도 발생할 수 있다. 부하 직원에게 담당하고 있는 고객에 대해 서로 간에 관계는 어떤지, 현재 어떤 상황인지를 물으면 "그저 그렇습니다.", "나쁘진 않습니다.", "관계는 좋습니다." 등의 대답이 돌아올 때가 많았다. 하지만 이런 대답으로는 비즈니스가 성사될 것인지 아닌지에 대한 상황 판단이 불가능하다. 신뢰 관계를 5단계로 수치화해두면 자신이 고객과 어떤 관계인지 정확하게 알 수 있고, 이를 매니저와 공유할 수 있다.

가장 중요한 것은 영업맨이 스스로 고객과의 신뢰 관계를 말하게 해야 한다는 점이다. 그래서 나는 종종 부하 직원들에게 "그 고객과 어느 정도 신뢰를 쌓았지?"라고 물어보았다. 그러면 "아직 2단계입니다.", "4단계까지는 된 것 같습니다."처럼 관계에 대한 자신의 평가를 대답했다. 스스로 신뢰 관계를 말함으로써 영업맨들은 고객과의 관계를 재인식할 수 있다.

그리고 지금 내가 몇 단계에 속해있는지 명확하게 판단할 수 있어야 다음 단계로 가기 위해 뭘 해야 하는지도 생각할 수 있다. 이 모든 것이 관계를 수치화했기 때문에 가능한 일이다.

신뢰 관계도는 비즈니스가 성사될 시점을 추측하는 데도 도움이 된다. 내 경험상 고객과의 신뢰가 4단계는 되어야 비즈니스를 성사시킬 수 있었다. 고객으로부터 "그 부장님께 미리 방문해 두는 게 좋아요.", "지금 이런 제안을 하면 성사될 가능성이 높아요.", "사내에서 이런 사안을 검토하고 있어요." 등 거래에 직접적인 영향을 미치는 정보를 받는 것도 4단계 이상에서나 가능한 일이기 때문이다.

만약 4단계에 이르지 못했는데 고객과의 거래가 성사되었다면 그건 운이 좋았다고 평가해야 한다. 팀에서 그런 운 좋은 영업맨이 있을 땐 "이건 운이 좋았을 뿐, 언제나 이런 식으로 일이 진행될 것이라 생각하지 말게."라고 자신의 공이 아님을 못 박았다. 노력이 아닌 운에 의존하는 영업맨이 되지 않기를 바라는 마음에서였다.

즉, 내 결론은 신뢰 관계가 4단계 이상이 되어야 비로소 비즈니스를 성사시킬 기회가 찾아온다는 것이다. 영업맨은 이를 명심하고 언제나 고객과 더 깊은 신뢰를 쌓을 수 있도록 노력해야 한다.

4단계에서 한 걸음 더 나아가 고객과의 관계가 친구처럼 친밀해졌다면, 5단계에 이르렀다고 말할 수 있다. 친구를 믿고 의지하듯이 고객이 영업맨을 전적으로 신뢰하는 단계다.

5단계까지 신뢰를 쌓으면 '비장의 마지막 카드'를 꺼내들 수 있다. 즉, 어떤 상황이라도 "귀사와 비즈니스를 성사시키고 싶습니다. 저희와 체결해 주십시오."라고 머리 숙여 부탁하면 고객이 흔쾌히 서명을 해줄 수 있는 단계다. 설령 그때는 고객의 어쩔 수 없는 사정으로 인해 비즈니스가 성사되지 않더라도 5단계까지 신뢰를 쌓아두면 "지금은 아니지만 다음에는 반드시 비즈니스를 하겠습니다."라는 약속을 받을 수 있다. 이는 그만큼 고객과의 관계가 가까워졌다는 증거다.

다만 여기까지 관계를 형성하는 데는 상당한 시간이 걸린다. 말단 영업사원 시절, 나는 두 번의 거대한 실적 홈런을 날린 적이 있는데, 한 건에 수백억 엔이나 하는 초대형 비즈니스였다. 그 거래의 당사자와는 2년 정도 알고 지냈는데, 그동안 업무적인 이유로 만난 적은 전혀 없었다. 내 선배 중 한 명은 "그런 실속 없는 고객과는 그만 만나지그래."라고 말했지만, 만나면 만날수록 그와의 신뢰가 점점 깊어짐을 느낄 수 있었고 잠재적인 고객이라는 생각 때문에 오랫동안 친밀한 관계를 유지했다.

그리고 2년이 지난 어느 날, 그 고객은 갑작스레 나를 불러내서는 "부탁드릴 게 있는데……."라고 운을 떼더니 느닷없이 수백억 엔의 거래를 제안했다. 그야말로 심장이 멈출 만큼 놀랐다.

하지만 그 다음이 더 큰 문제였다. 당시 나는 그렇게 규모가 큰 비즈니스를 처리해본 경험이 없었기 때문에 무엇을 어떻게 해야 할지 전혀 몰랐다. 다행히 상사에게 부탁해 일을 순조롭게 처리할 수 있었는데, 돌이켜봐도 새삼 5단계까지 신뢰를 쌓아 두는 일이 얼마나 중요한 것인가를 절실히 깨닫게 된다.

또 한 번은 이런 일도 있었다. 부하 직원이 나름대로 열심히 공들인 고객이 있었는데, 아쉽게도 그 고객과의 비즈니스가 경쟁사로 넘어갈 상황에 처했다. 나는 그 고객과 오랫동안 알고 지내면서 5단계까지 신뢰를 쌓아 두었기 때문에 "이 거래만큼은 저희와 해주시면 안 되겠습니까."라고 부탁할 수 있었고, 고맙게도 그는 다시 내용을 검토해 주었다. 그러고는 우리의 제안도 자신들의 니즈와 부합한다며 경쟁사로 넘어갈 뻔한 거래를 우리와 체결해 주었다. 5단계 카드를 사용해 비즈니스를 성사시킨 경험이었다.

마지막 비장의 카드라 할 수 있는 '5단계 카드'는 자주 꺼내 들어서는 안 된다. '바로 지금이다!'라고 판단될 때 쓰는 것으로 한 고객 당 수년에 한 번 써먹기 괜찮은 방법이다.

물론 비장의 카드가 불발로 끝나는 경우도 있다. 중요한 고객에게 오랜 시간 공을 들여 5단계까지 신뢰를 쌓고 이제 슬슬 본격적인 비즈니스 이야기를 꺼내려고 했는데, 그 고객이 전혀 다른 부서로 이동해버렸을 땐 그야말로 어안이 벙벙했다.

또 한 고객과는 사적인 일까지 서로 조언을 해주고 접대 자리에서는 "그 넥타이 좋아 보이는데 내 것하고 바꿔요."라는 말을 들을 정도로 친밀한 사이였다. '이 정도 친밀함이면 되겠지.'라는 마음으로 그 고객을 찾아가 "계약을 맺어 주십시오."하고 단도직입적으로 부탁을 했는데, 그 고객은 은근슬쩍 대답을 회피하며 "회사에 안 좋은 일이 있어서요."라며 거절하였다. 결국 나 혼자 멋대로 그 고객과의 관계가 5단계라고 믿었을 뿐 고객의 마음은 전혀 달랐던 것이다.

고객에 따라서는 방문하는 영업맨 모두에게 웃는 얼굴로 친근하게 대해주는 사람이 있다는 것을 배울 수 있었다. 물론 그 고객에게 잘못은 없다. 모두 다 신뢰 단계를 정확하게 판단하지 못한 나에게 잘못이 있다.

이와 비슷한 실패 경험은 수없이 많다. 고객과 신뢰를 더 많이 쌓고자 노력했기 때문에 이러한 경험도 있는 것으로, 실패담들은 나에게 훈장과도 같다. 실패를 두려워해서는 아무것도 이룰 수 없다.

커다란 비즈니스 안건을 처리해오는 영업맨이나 끊임없이 거래를 성사시키는 영업맨은 분명 '5단계 카드'를 여러 장 가지고 있을 것이다. 즉, 5단계까지 고객과 친밀한 관계를 맺을 수 있는 영업맨만이 높은 성과를 낼 수 있다는 의미다.

미팅 전 스스로에게 물어야 할 다섯 가지 질문

고객과 신뢰를 쌓으려면 무엇을 해야 할까. 앞에서 고객의 마음을 사로잡는다는 건 좋아하는 사람이 기뻐하기를 바라는 것과 같다고 했다. 누군가를 좋아하게 됐을 때 우리는 어떤 생각을 할까. 그 사람이 무슨 생각을 하는지, 무엇을 원하는지 알고 싶지 않을까. 영업도 이와 마찬가지다.

고객과 신뢰를 쌓고 싶다면 우선 고객에 대해 잘 알아야 한다. 고객이 무엇을 좋아하고 어떤 생각을 하는지 제대로 파악하지 못한다면 결코 친밀한 관계로 발전할 수 없다. 반대로 말하면 영업을 할 때 고객에 대한 사전 정보 없이 상품만 판매하려 한다면 오히려 거부감을 불러일으켜 판매 확률을 떨어뜨릴 수 있다.

여기에서 소개하는 다섯 가지 질문은 나 자신과 팀원들에게 늘 물어왔던 것이다. 이 질문에 모두 대답할 수 있다면 그 사람은 정말로 진지하게 고객을 생각하는 사람이다. 물론 고객을 알고, 고객을 생각하는 일에 '이 정도면 됐다'고 할 수 있는 한계는 없다. 영업맨이라면 언제나 고객을 생각해야 하지만, 이 다섯 가지 질문에 모두 대답할 수 있다면 어느 정도 고객을 알게 되었다고 판단할 수 있다. 그럼 다섯 가지 질문을 살펴보자.

● **질문1 고객은 무엇을 좋아하는가?**

좋아하는 사람에게 데이트를 신청할 때 흔히 어떤 음식을 좋아하는지, 무슨 영화를 좋아하는지 등 상대방의 취향을 먼저 물어본다. 좋아하는 사람의 취향을 최대한 알아내어 그에 맞게 데이트를 계획하기 위함이다. 그리고 이는 좋아하는 사람이 만족하기를 바라는 마음에서 비롯된 것이다. 이처럼 상대방의 취향을 파악하는 일은 연애의 가장 기본이다.

만약 미팅이나 소개팅 자리라면 당연히 서로에 대해 알기 위한 자리이므로 "무엇을 좋아하세요?"라는 질문을 통해 상대방의 취미나 기호를 물어볼 수 있지만, 영업에서는 처음 본 고객에게 대뜸 취향을 물으면 '이 사람, 뭐지?'라는 생각을 유발할 수 있다.

대부분의 사람들은 영업의 목적이 판매라고 생각하기 때문에 일단 경계부터 하고 본다. 그러므로 상대방이 무엇을 좋아하고 마음에 들어 하는지를 정확하게 말하면 수월하게 신뢰를 쌓을 수 있다. 물론 고객에게 좋아하는 것을 꼬치꼬치 캐물으면 '왜 내가 그런 것까지 말해야 해?'라는 부정적인 생각을 유발할 수 있으므로 다양한 화제를 이야기하며 고객의 반응을 살피고 취향을 알아내도록 한다.

● **질문2 고객은 요즘 무엇을 하고 무슨 생각을 하는가?**

만약 당신에게 연인이 있다면 그 사람이 지금 무엇을 하는지, 무슨 생각을 하는지 분명 궁금해할 것이다. 연애와 마찬가지로 영업맨 역시 고객이 지금 무엇을 하고 있는지, 무슨 생각을 하는지를 궁금해해야 한다. 그렇지 않으면 자신이 필요할 때만, 즉 무언가를 팔고 싶을 때만 고객에게 연락하기 때문이다.

고객들도 대부분 직장인이기 때문에 항상 해야 할 일을 끌어안고 있다. 고객의 일을 파악하고 앞으로 3개월 혹은 반년 동안 고객이 어떤 과제에 직면할 것인지, 해결해야 할 문제점은 무엇일지를 생각해보도록 한다. 고객의 할 일이나 어려움을 알면 그것을 해결할 수 있도록 도와줄 수 있고, 이를 통해 고객과의 거리를 한층 더 좁힐 수 있기 때문이다. 고객과 친해지면 "요즘 하시는 일은 좀 어떠세요?"라고 묻기만 해도 "그게, 요즘은 그 일 때문에 조금 바쁩니다."라며 이야기를 이어나갈 수 있다.

고객의 생각을 알아야 할 중요한 이유가 하나 더 있다. 상대방의 생각을 알면 그가 어떤 식으로 결정을 내리는지 파악할 수 있다. '고객이 최종으로 판단할 때 이렇게 사고하지 않을까, 그렇다면 의사결정을 위해 이 정보가 필요하겠군!'이라며 자료를 선별해 제공할 수 있다. 그런 의미에서 고객의 생각을 안다는 건 영업맨에게 무척 중요한 일이다.

고객들은 제각각 다른 생각을 하고 처한 사정도 전부 다르다. 그것을 최대한 파악해 고객에게 도움을 주는 동시에 고객의 사고를 분석해 결정을 내릴 수 있도록 만들어야 한다. 그러려면 영업맨은 고객이 무슨 생각을 하고 어떤 과제에 직면했는지 알기 위해 전력을 다해야 한다.

● **질문3 고객이 교제하는 사람은? 고객의 가족 관계는?**

최근에는 개인 정보 관리가 엄격해졌지만, 그래도 고객의 사적인 관심사를 얼마나 알고 이에 도움이 되는 정보를 제공하느냐에 따라 고객과의 친밀도를 높일 수 있다.

이전에 프랑스 요리와 와인에 조예가 깊은 부하 영업맨이 있었다. 그는 한 독신 고객의 데이트를 위해 적절한 가격에 맛있는 프랑스 요리와 와인을 제공하는 레스토랑을 자주 소개해주며 사랑의 큐피드처럼 고객의 연애를 뒤에서 도왔다. 덕분에 고객과 상당히 좋은 관계를 유지할 수 있었다.

물론 이런 노력이 직접적인 영업의 결과로 이어질지는 장담할 수 없다. 하지만 그만큼 친해지면 내가 원하는 계약에 기꺼이 협력해줄 가능성은 분명 높아진다.

여담이지만 그 부하 직원은 취미를 본격화해 프랑스 요리와 와인을 판매하는 레스토랑을 열었고 나도 가끔 들르곤 한다. 그가 해주는 요리에 대한 소개는 실로 영업맨 출신답게 설득력이 강해서 간단한 설명을 듣기만 해도 '빨리 먹고 싶다'는 기분이 절로 든다. 이 또한 어떤 의미에서 영업맨 시절에 쌓은 경험을 자신의 새로운 비즈니스에 활용했다고 할 수 있다.

● **질문4 고객에게 이 상품이 왜 필요한가?**

영업을 하다 보면 자기 나름대로 열심히 상품을 판매하려고 하지만, 팔려고 하면 할수록 노력한 보람도 없이 고객과 멀어지는 경험을 하기도 한다. 이런 경험을 한 적이 있다면 '고객에게 이 상품이 왜 필요한지 생각해 보았는가'를 스스로에게 질문해봐야 한다. 아무리 상품에 대해 열심히 소개해도 고객이 "필요 없어요."라고 거절해 버리면 영업맨은 맥없이 물러날 수밖에 없기 때문이다.

하지만 팔고자 하는 상품이 고객에게 필요한 이유를 미리 생각해두면 고객이 "필요 없어요."라고 말해도 왜 이 상품이 당신에게 필요한지를 설명할 수 있고, 설령 최종적으로 판매가 이루어지지 않더라도 알찬 대화를 나눌 수 있다.

이건 제2장에서 소개할 '전달하기'와도 관련이 있지만, 고객에게 필요한 게 무엇인지는 고객과의 대화 속에서 알아낼 수 있다. 또한 고객과 신뢰가 구축되어 있으면 '어떤 의미에서 이 상품이 필요하지 않은지', '필요하지 않은 이유가 무엇인지'를 들을 수 있고, 이후에 다른 상품을 제안하기 위한 힌트도 얻을 수 있다.

● **질문5 현재 고객과의 신뢰는 어느 단계인가?**

앞서 설명한 5단계의 신뢰 관계도 중 현재 자신이 어느 단계에 이르렀는지 숫자로 표현할 수 있어야 한다.

어떤가? 자신이 담당하는 고객과 관련해 위에서 제시한 다섯 가지 질문에 모두 대답하였는가? 모두 대답했다면 고객과의 신뢰 관계가 상당히 높은 수준에 도달했다는 의미다. 한두 개 밖에 대답하지 못했거나, 아예 대답하지 못했다면 아직 고객과 충분한 신뢰를 형성하지 못했다는 뜻이다.

다음에는 신뢰를 심화시키는 다양한 방법에 대해 소개하겠다.

적절한 사과는 신뢰를 심화시키는 기회가 된다

영업을 하다 보면 예상치 못한 일들이 발생해 고객에게 폐를 끼치는 일도 더러 있다. 이는 영업뿐만 아니라 사람과 사람이 만나 하는 모든 업무에 있어서 피할 수 없는 문제다.

사실 실수를 저지르면 실수 그 자체보다 '어떻게 대처하느냐'에 따라 고객의 신뢰를 잃거나, 기껏 얻은 계약 기회마저 날릴 수 있다. 반대로 말하면 실수를 저질러도 제대로 대처한다면 충분히 고객과의 신뢰를 회복할 수 있는 찬스가 되기도 한다는 것이다. 단, 이를 위해서는 제대로 된 성의 있는 사과가 수반되어야 한다.

고객에게 사과할 때 가장 주의해야 할 점은 무엇일까. 바로 무조건 사과부터 하고 보자는 태도다. 고객이 화를 내고 있기 때문에 일단 순간을 모면하자는 마음은 고객도 금세 알아차리게 마련이다. 무엇을 사과하는 것인지 제대로 인식한 상태가 아니라면 고객에게 진심을 전하기 어렵다.

또한 만약에 영업맨 자신이나 자신이 속한 팀에서 저지른 실수가 아니더라도 절대 "다른 부서에서 한 일입니다."라고 말해서는 안 된다. 자신의 책임이 아니라 다른 부서에서 실수를 했더라도 모두 자신의 책임으로 받아들이고, 자신이 회사의 대표로서 성심성의껏 사과를 해야 한다.

나는 골드만삭스 영업 팀의 매니저로 재직했던 시절, 부하 직원들을 향해 "남이 저지른 실수를 왜 내가 사과해야 하는지에 대해 의문을 가질 수 있다. 책임은 회사에 있지만 고객과의 관계에서 담당 영업맨이 가장 중요한 사람이라는 걸 명심하고, 미안하지만 직접 나서서 사과를 했으면 한다. 그 실수로 인해 우리 회사가 출입 금지 조치를 받거나 회사의 신용이 떨어질 수도 있지만 담당 영업맨인 자신의 신용까지 떨어뜨려서는 절대 안 된다."라고 지도했었다.

담당 영업맨이 "다른 부서에서 한 일입니다."라고 말을 꺼낸 순간 그 고객은 '이 친구는 여차하면 도망갈 사람이군'이라고 판단한다. 그러면 그동안 쌓아온 신뢰는 흔적도 없이 사라진다.

고객과 친해지는 일은 신뢰를 쌓는 첫걸음이지만, 친해졌다고 해서 신뢰가 저절로 더해지지는 않는다. 깊은 신뢰 관계를 완성하고 유지하기 위해서는 고객의 마음속에 '이 사람은 어떤 일이 있어도 우리를 도와줄 사람'이라는 믿음을 심어줘야 한다. 사과를 할 때는 고객의 모든 피해를 내가 전부 떠맡는다는 각오를 보여줘야 한다. 설령 고객이 화가 많이 나서 고함을 지를 수도 있다. 또 차가운 말을 내뱉을지도 모른다. 그래도 실수를 내 일로 받아들이고 책임을 져서 사태 수습과 재발을 방지하려는 태도를 보여주는 것이 중요하다.

그렇게 해도 기업 대 기업의 관계에서는 회사 자체가 출입 금지

처분을 받거나 거래 정지라는 제재를 받기도 한다. 하지만 담당 영업맨이 신뢰를 잃지 않았다면, 다시 관계를 부활시킬 수 있는 기회가 얼마든지 생길 수 있다. 또 '그 회사의 담당자는 우리를 위해 성심성의껏 대처해주었다'는 인상을 줌으로써 조직의 신용이 실추되는 것을 최소한으로 줄일 수 있다.

진심을 다한 사과가 제대로 전달되고, 도망치지 않는 자세를 인정받으면 고객과의 신뢰는 한층 더 견고해진다. 고객이 '어떠한 상황에서도 그 담당자는 성실하게 대응한다', '자신에게 불리한 상황에서도 결코 도망치지 않는다'고 느꼈다면 고객과의 거리는 단숨에 가까워질 수 있다. 신뢰를 심화시키려면 이와 같은 마인드를 항상 유념할 필요가 있다.

한 가지 더 덧붙이자면, 사과는 신속해야 한다. 나도 어떤 문제가 발생하면 곧장 회사를 뛰쳐나가 고객을 방문했다. 택시 안에서 담당자로부터 상황을 보고받고, 어쨌든지 간에 고객에게 사과를 하는 동시에 앞으로의 해결 방안을 설명했다.

문제가 발생하면 부하 직원을 마구 야단치며 책임을 추궁하는 상사도 있지만, 그보다는 솔선수범해 고객을 찾아가고 사과를 하는 것이 우선이다. 윗사람이 한달음에 달려갔다는 사실은 회사의 상부까지 문제를 인식하고 전방위적으로 대응할 것이라는 결의를 보여준 것으로 결코 고객과의 관계에 있어서 마이너스가 되지 않는다.

회사에 따라서는 고객과의 문제가 곧장 상부로 보고되지 않고, 밑에서부터 순차적으로 올라가 일주일쯤이 지나서야 조직의 상급자에게 간신히 전달되는 경우도 있다. 이처럼 시간이 많이 지나버리면 문제 해결의 가능성은 점차 낮아지기 때문에 신속하게 대처하는 자세가 필요하다.

영업맨의 진가는 실패의 순간에 드러난다

자주 고객을 방문해 고객의 이야기에 귀 기울이고 그에 맞는 제안을 한다. 그 결과 비즈니스가 성사되려는 분위기가 형성되고 기분 좋은 긴장감이 고조되어 영업맨의 사기가 고양된다. 그간의 노력이 결실을 맺어 결국엔 거래가 성사된다. 이 순간이 바로 영업맨에게 있어 최고의 순간일 것이다.

그런데 피치 못할 사정으로 거의 다 완성한 비즈니스가 이루어지지 않을 수도 있다. 늘 승부에서 이길 수는 없기에 하는 수 없다고 스스로를 위로하지만 기대가 큰 만큼 실망감도 꽤 크게 다가온다.

나도 그런 상황을 몇 차례 지켜본 적이 있다. 부하 직원이 어떤 고객과 아주 친해져서 비즈니스를 하기로 약속까지 했는데 갑자기 경기가 악화되어 예정된 계약이 불발된 것이었다.

고객의 상사였던 임원은 약속을 저버린 사실에 미안함을 감추지 못했는데, 나는 "하는 수 없죠. 경제 상황이 좋지 않으니까요. 너무 신경 쓰지 마세요."라며 불만을 일절 입 밖에 내지 않았다.

물론 회사나 부하 직원의 실적을 고려했을 때 몹시 성사시키고 싶은 거래였다. 하지만 그것 때문에 고객에게 부담을 줘서는 안 된다. 언제까지나 웃는 얼굴로 고객의 판단을 충분히 이해한다는 태도를 보여줘야 한다.

결과적으로 그때는 비즈니스를 성사시키지 못했지만 나의 태도가 고객의 마음에 들었는지 나중에 경기가 다시 회복되었을 때 다른 건의 비즈니스를 할 수 있었다. 만약 그때 "어떻게 좀 안 될까요.", "약속을 일방적으로 깨시면 곤란합니다." 등의 불만을 한마디라도 이야기했다면 훗날의 계약은 없었을 것이다.

기대한 거래가 이루어지지 않았다고 해서 "이유가 무엇입니까?"라고 고객을 다그쳐서는 안 된다. 거래가 성사되지 않은 데는 다 그만한 이유가 있을 것이다. 우리 회사보다 다른 회사의 조건이 더 좋았거나 다양한 환경 변화로 인해 거래를 하지 못하게 되었을 수도 있다. 하지만 근본적인 원인은 고객과의 신뢰가 5단계까지 이르지 못했기 때문이다.

사정이야 어떻든지 간에 거래가 성사되지 않았을 때 고객에게 어떤 반응을 보일지가 아주 중요하다. 속으로는 충격이 컸을지라도 절대 티를 내지 말고 고객에게는 태연한 태도로 "미안해하지 마세요. 고객님의 탓이 아니지 않습니까."라고 말할 수 있어야 한다. 사과를 하거나 거래가 성사되지 않았을 때에는 그 사람의 성실성이나 그릇의 크기가 드러난다. 고객은 그 모습까지도 지켜보고 있다는 사실을 잊어서는 안 된다.

반대로 성사되려는 거래를 영업맨 스스로 거절해야 할 때도 있다. 영업의 목적은 비즈니스를 성사시키는 것이다. 자사의 상품이나 서비스를 판매하기 위해 고객과 신뢰를 쌓고 고객의 판단에 필요한 정보를 제공한다. 하지만 때로는 영업의 목적에서 벗어나야 할 때도 있다. 단적으로 말하면 거의 확정된 비즈니스를 우리 쪽에서 거절해야 할 상황도 분명 있다.

체결하고자 하는 거래가 고객에게 정말로 필요하지 않다고 판단되면 영업맨은 성사시키고 싶은 욕망을 억누르고 단호하게 거절을 말해야 한다. 나는 골드만삭스의 상사들에게 그렇게 가르침을 받았다.

내가 영업맨이 된 지 얼마 안 되었을 때의 일이다. 담당하던 고객과 새로운 계약을 맺을 수 있을 듯한 느낌을 받았다. 나는 신바람이 나서 "수천억 엔의 계약을 체결할 것 같습니다."라고 상사에게 보고했다. 상사는 그 계약 내용을 자세히 살펴보더니 "이건 고객을 위한 게 아닌데……."라고 말했다. 잠시 더 생각하더니 이내 "고객을 찾아뵙고 계약을 거절하고 오게."라고 하는 것이었다.

나는 도무지 믿을 수 없었다. 당시 나는 주식선물 거래를 담당했는데 고객은 리스크 헤지를 위한 상품을 원했다. 하지만 고객이 실제로 의뢰한 상품은 리스크 헤지보다 투기성이 높은 상품이었고, 상사는 고객의 본래 목적과 다른 상품이라 판단한 것이었다.

물론 고객이 의뢰한 상품은 리스크 헤지라는 목적에 완전하게 맞지는 않았지만, 이미 계약을 체결하기로 마음먹은 상태인데다가 수수료가 수억 엔이나 되는 초대형 비즈니스였다. 그걸 굳이 우리가 먼저 포기해야 한다는 사실에 어처구니가 없었다.

나는 상사의 지시에 따라 하는 수 없이 고객을 찾아가서 "이건 고객님이 생각하시는 목적과 맞지 않는 상품인 것 같습니다. 그 때문에 저희가 거절할 수밖에 없습니다."라고 말하며 계약을 포기했다. 고객이 당연히 화낼 것이라 생각했는데, 오히려 고객은 "그렇군요. 골드만삭스와는 할 수 없군요."라고 말했을 뿐이었다.

기껏 고객이 하겠다는 거래를 내가 거절했으니, 이후 관계가 어색해질까봐 걱정했지만 오히려 그 반대였다. 고객과의 신뢰는 한층 더 깊어져서 그 뒤 다른 비즈니스를 할 수 있었다.

수년이 지나 그 고객과 재회할 기회가 있었고, 나는 고객에게 당시 상황을 물어보았다.

"저희가 거절했던 그 거래는 결국 어떻게 하셨습니까?"

"아, 그거요? 하지 않았습니다."

나는 그 대답을 듣고 휴 하고 가슴을 쓸어내렸다. 고객도 내 말을 듣고 여러모로 고심한 끝에 하지 않았을 것이다. 고객의 이득을 먼저 생각한 상사의 본심이 이해되는 순간이었다.

고객이 계약서에 서명을 하려 한다. 하지만 이 상품은 고객이 추구하는 목적에 부합하지 않는다. 정말 이 계약이 고객에게 도움이 될까. 이건 보류하는 편이 낫다고 말을 해야 할까. 지금 이 순간 아무 말도 하지 않는다면 비즈니스는 성사된다.

이 상황을 어떻게 판단하고 대처할 지는 종이 한 장 차이다. 충분히 설명했음에도 불구하고 고객이 극구 괜찮다고 하면 비즈니스를 성사시키는 것도 하나의 판단이 될 수 있다. 또 리스크가 있음을 분명히 알면서도 "그래도 이 상품이 좋다."라고 하면 굳이 거절할 필요는 없다. 그럴 땐 나도 고마운 마음으로 고객이 서명하는 것을 지켜본다.

하지만 최종적으로 수용했다 하더라도 나중에 고객이 후회할 여지가 있거나 고객에게 이득이 되지 않는다고 판단되면 거절할 줄 아는 용기도 가져야 한다. 우리 쪽의 이익을 포기하면서까지 고객을 생각하는 마음은 상대방에게도 고스란히 전달된다. 설령 거절한 거래가 타사에 넘어갔다 해도 이후에 고객은 "그만 두는 게 낫다고 말한 건 그쪽 밖에 없었어요. 다른 데는 모두 하자고 했거든요."라고 말하며 더 큰 신뢰를 보여준다. 그리고 이 신뢰는 나중에 다른 비즈니스를 가져다 줄 수 있다.

고객에게 만족감을 주는 접대 기술

고객과 신뢰를 쌓고 비즈니스를 성사시키기 위해서는 '접대'도 아주 중요한 기회가 될 수 있다.

왜 접대가 필요할까. 저마다 이유는 다양하다. 접대를 하면 비즈니스가 성사되기 때문에 혹은 접대를 하지 않으면 일이 들어오지 않기 때문에 자리를 마련하는 경우도 많다.

나는 '고객의 생각과 상황을 조금이라도 더 잘 알고 싶다', '고객과 더 가까워져서 도움이 되고 싶다'는 마음으로 식사나 술자리를 만들었고 서로의 성격이나 가치관을 확인하며 신뢰를 심화시키는 기회로 접대를 이용했다.

기본적으로 접대는 고객을 즐겁게 만들고 신뢰를 쌓는 것이 목적이지만, 서로 간에 주고받는 대화가 신통치 않으면 반대로 신뢰가 무너질 수도 있다. 그 때문에 접대 역시 미팅만큼이나 영업맨에게는 긴장감 넘치는 진검승부의 자리다.

젊은 시절에는 고객에게 접대를 해야 한다는 생각에 두근거리는 마음을 안고 전화를 걸었는데, "음, 아직은 식사를 하기에 좀 이른 거 같은데."라고 매몰차게 거절당한 적이 있다. 지금도 그때의 일을 또렷하게 기억한다. 이성에게 데이트 신청을 했다가 거절당한 정도의 충격이었다.

훗날 상사가 다시 접대 약속을 잡았고 나도 그 자리에 참석했지만 마음이 몹시 불편해 가시방석에 앉아 있는 기분이었다. 십수 년이 지난 후, 내 비즈니스와 관계없는 부서로 이동한 그 고객과 식사 자리를 마련해서(그때는 거절당하지 않았다) 그 당시 접대를 거절당한 이야기를 꺼냈더니, 정작 본인은 기억조차 하지 못하고 있었다.

이성이 데이트 신청을 승낙했다는 건 '나와 데이트를 하면 즐거울 것 같다'고 생각하기 때문이다. 접대도 마찬가지다. 고객이 '나와 함께 식사를 하고 싶어 하는지'에 따라 접대의 성사 여부가 달라진다. 접대 자리를 마련하려 했다가 거절당한 앞의 사례는 아마도 날마다 여러 회사의 식사 초대가 있는 상황에서 그 고객이 나와 식사를 해도 '별로 재미없을 것 같다'고 생각했기 때문일 것이다.

회사 규칙이나 자신의 신조로 인해 접대 자체를 일절 받지 않는 고객도 있지만 진심으로 나와 함께 식사를 하고 싶다면 싸구려 술집에서 만나도 괜찮다고 하며 시간을 낼 것이다.

종종 고객이 접대를 받으려 하지 않는다며 고민을 털어놓는 영업맨들이 있는데, 그 안에는 '저한테 매력이 없다'는 말이 숨어 있다. 고객이 접대를 거절하는 이유는 함께 식사를 해도 메리트가 없다고 생각한다는 증거다.

물론 고객에게 접대를 하지 않아도 비즈니스를 성사시키는 게 프로라고 생각하는 사람도 있을 것이다. 그 역시 무척 바람직한 태도지만, 개인적으로 나는 고객에게 도움이 되고 싶었고 그러기 위해서 고객을 잘 알아야 한다는 생각 때문에 접대 자리를 아주 귀중한 기회라 여겼다.

그 자리에서 고객의 새로운 일면을 엿보고, 또 고객이 나를 믿고 의지하게 되었다는 생각이 들었을 때는 영업맨으로서 정말로 행복했으니까.

영업맨은 접대 자리에서 고객이 술을 권하면 웬만해서는 거절하지 못한다. 제법 친한 사이가 아니고서야 요즘은 술을 강요하는 분위기가 아니라지만, 어떤 고객은 첫 접대 자리에서부터 과하게 술을 권하는 일도 있다. 때로는 원샷을 기대하기도 한다.

나는 술을 잘 못 마셔서 원샷을 하고 나면 무조건 정신을 잃고 쓰러지기 일쑤였다. 그 때문에 내가 접대 자리에서 저지른 실수도 한두 가지가 아니다. 가장 큰 실수는 말단 영업사원 시절에 상사를 따라간 접대에서 고객에게 니혼슈(일본 청주 – 옮긴이)를 따르다가 잠이 들어 고객의 바지에 술을 쏟아 버린 일이었다. 다행히 그 고객은 마음이 넓은 사람이었기 때문에 웃으면서 용서해줬지만 지금도 그 상황을 떠올리면 저절로 이마에 식은땀이 맺힌다.

접대 자리에서는 당연히 실수를 저지르지 말아야 한다. 그러나 내 경험상 약간의 실수는 술자리를 즐겁게 만드는 에피소드가 될 수 있기 때문에 지나치게 딱딱한 자세를 고수할 필요는 없다. 그리고 술은 마시다 보면 늘기도 하지만 기본적으로 개인마다 주량이 다르므로 의지나 오기로 해결할 수 있는 문제가 아니다. 그 때문에 나는 접대 자리에서 술을 잘 마시는 사람을 고객의 옆자리에 배치시키고 반드시 끝까지 버티는 사람이 있도록 멤버를 구성하였다.

접대가 성공했는지는 접대 후 고객의 반응을 보면 알 수 있다. 신뢰 관계가 아직 1, 2단계인 고객이 접대 후에 사적인 이야기를 털어놓을 때 혹은 3단계인 고객이 비즈니스를 성사시키기 위해서는 어떻게 해야 하는지 조언을 해줄 때 그 관계가 한 단계 상승했다고 판단할 수 있다. 4단계나 5단계가 되면 서로의 속내도 스스럼없이 이야기하기 때문에 접대가 더욱 즐거워진다.

반대로 고객의 말수가 줄고 아무리 질문을 해도 단답형으로 대답한다면 만족스럽지 않은 접대였다고 평가해야 한다. 그런 접대는 도리어 고객과의 관계를 악화시킬 수 있으므로, 성공적인 접대를 위한 사전 준비가 부족했는지, 고객을 불쾌하게 만든 요소가 무엇이었는지를 반드시 검증하고 넘어가야 한다.

접대는 고객이 진심으로 즐겨야 의미가 있다. 그러기 위해 미리 준비하고 연습하는 것도 영업맨으로서 갖춰야 할 자세다.

술자리에는 으레 노래가 따르기 마련이다. 나는 동료의 조언으로 3개월에 한 번씩 음반 가게에 가서 그 당시의 히트 노래가 담긴 시디를 구입했다. 그중 부를만한 것을 선택하고 퇴근한 뒤에 한 시간 정도 노래 연습을 했다. 가끔은 노래방에 혼자 틀어박혀 하루 종일 연습을 하기도 했다. 고객의 연령층은 다양하기 때문에 흘러간 노래부터 시작해 젊은 가수들의 노래까지 골고루 연습했다.

또 나는 노래뿐만 아니라 가수의 안무까지 연습해 고객 앞에서 춤 실력을 뽐냈다. 그중에서도 마쓰우라 아야(松浦亜弥, 일본의 여자 아이돌 가수, 배우-옮긴이)의 〈Yeah! 홀리데이〉와 기사단(氣志團, 양키계 록 밴드-옮긴이)의 〈원나잇 카니발〉은 내 십팔번이다. 단, 술을 마신 상태로 노래와 춤을 동시에 하는 건 힘들기 때문에 가끔 1절만 부르고 끝내거나 노래는 부하 직원에게 맡기고 나는 춤에만 전념하기도 했다.

그러면 대개 분위기가 즐겁게 무르익어 고객이 비즈니스에 대해 긍정적으로 생각하게 된다. 여하튼 고객을 즐겁게 하기 위해서는 부끄러움도 창피함도 없었다.

아무것도 모르는 젊은 시절에는 비즈니스를 성사시키기 위해 금융 상품의 이론만 열심히 설명했지만, 점점 시간이 지나면서 그것만으로는 거래가 성사되지 않는다는 사실을 깨달았다. 어느 때부터인가 고삐 풀린 망아지처럼 마구잡이로 춤과 노래를 선보였더니, '어이가 없다'는 반응을 보인 고객도 있었던 반면 재미있는 친구, 별난 친구라며 친근하게 다가오는 고객도 많았다.

'일단 시작하면 끝까지 하자'는 내 신조는 접대라고 해서 예외가 아니다. 고객을 즐겁게 하고 분위기를 부드럽게 만드는 일에는 한계도 없고 정도도 없다. 어설프게 노력하면 오히려 부끄러움이나 주저함이 훤히 드러나 보인다.

성실하게 정보를 제공하는 것도 중요하지만 고객과 친해지려면 시끌벅적한 자리도 분명 필요하다. 이 또한 영업의 한 측면이기 때문에 최선을 다한다는 각오로 임해야 한다.

상사를 영업의 도구로 활용하라

접대는 고객이 진심으로 즐거워해야 하지만 그렇다고 해서 매번 즐거운 대화만 해서는 의미가 없다. 어느 정도 신뢰를 쌓으면 본격적으로 비즈니스에 대한 이야기를 할 수 있어야 성공적인 접대라 할 수 있다.

그 때문에 나는 상사로서 신뢰가 3단계 이상인 고객을 접대할 때는 담당자에게 '오늘 접대에서 얻고자 하는 것이 무엇인지'를 반드시 확인했다. 어떤 목적으로 접대를 하는지 담당자 자신이 인식하지 못하면 단순히 그 자리를 즐기는 것으로 끝나기 때문이다. 영업맨에게 접대는 분명 업무의 일환이어야 한다.

가끔 상사에게 접대 자리에 동석해 달라고 요청할 때가 있다. 그때도 왜 동석을 요청하는지에 대한 충분한 이유를 설명해야 한다. 나는 젊은 시절에 내가 못하는 질문, 물으면 실례가 되는 질문을 상사에게 대신 해주십사 동석을 부탁했다. 사전에 상사에게 질문 목록을 주고 작전까지 세웠다. 고객은 자기보다 직급이 아래인 영업맨보다 상사를 더 중요하고 어렵게 생각해 여러 가지 속 깊은 이야기를 털어놓을 가능성이 높다.

상사는 다 이용하기 나름이다. 다만 달성하고자 하는 목표를 명확하게 한 다음 동석을 부탁해야 한다. 고객과 신뢰를 쌓는 것과 마찬가지로 상사도 기분 좋게 활용할 수 있어야 영업맨으로서 한 단계 더 성장할 수 있다.

또한 접대는 고객에게 무언가를 제공하는 자리라고 생각하기 쉽지만, 사실은 고객에게서 영업의 힌트를 얻어내는 자리라는 것도 잊지 말아야 한다.

첫 접대 자리에서는 고객의 가족 구성원이나 취미 등 최소한의 프로필만 물어볼 것을 권한다. 여기에 고객이 그동안 쌓아온 경력을 반드시 물어보도록 한다. 이를 파악하면 고객의 사고방식을 쉽게 이해할 수 있기 때문이다.

대개 어느 정도 경력이 많은 사람이라면 자신이 이룩한 결과를 자랑스럽게 여기며 말하는 것을 좋아한다. 나 역시 술자리에서 지난 경험이나 고생담에 대해 이야기하는 것을 즐긴다.

가령 고객이 뉴욕에서 오래 근무했다면, 미국의 합리적인 사고방식을 가지고 있을 가능성이 높다. 고객의 경력은 고객을 알 수 있는 귀중한 단서이므로 이를 기분 좋게 이야기할 수 있도록 분위기를 이끄는 것이 중요하다.

고객을 위하는 마음이 최고의 영업 전략이다

제1장에서는 고객의 마음을 사로잡는 것이 얼마나 중요한지, 그리고 마음을 사로잡아 신뢰를 얻기 위해서는 어떻게 해야 하는지에 대해 설명하였다. 고객의 마음을 사로잡고 신뢰를 쌓으려면 '진심으로 고객에게 도움이 되고 싶다'는 마음가짐이 중요하다. 나 자신의 이득보다 고객에게 도움이 되는 일을 하다 보면 좋은 결과도 따라오게 마련이라는 믿음으로 최선을 다해야 한다. 그렇다면 고객에게 도움이 된다는 건 무엇일까?

맛집으로 소문난 초밥 가게를 상상해보라. 인기 있는 초밥 가게는 무엇이 다를까?

훌륭한 초밥 가게일수록 주방장의 세심한 배려를 엿볼 수 있다. 주방장은 카운터 너머로 손님이 초밥을 먹을 때의 반응을 티 나지 않게 살피고, 손님이 맛있어하는 초밥을 만든다. 손님의 접시가 비지 않도록 식사 속도에 맞춰 초밥을 내놓는 것도 주방장에겐 중요한 일이다.

손님들이 초밥 가게에 머무르는 시간도 제각각 다르다. 회를 안주 삼아 오랜 시간 술을 마시며 친구들과 대화를 즐기는 손님이 있는가 하면, 단지 초밥이 먹고 싶어서 오는 손님도 있기 때문이다. 서로 다른 목적으로 오는 손님들을 위해 주방장은 이른 아침부터 어시장을 찾아 신선한 횟감을 구입하고, 손님들을 맞이한다. 바로 여기에 영업과 일맥상통하는 부분이 있다.

'고객과의 제한된 시간 속에서 얼마나 만족감을 제공할 수 있는가?', '고객을 맞이하기 위해 보이지 않는 곳에서 얼마나 많은 준비를 했는가?', '고객과의 대화 속에서 고객이 바라는 것을 헤아리고 이를 정확하고 적절한 타이밍에 제시했는가?'라는 질문을 통해 초밥 가게의 진정한 영업 자세를 배울 수 있다.

또 어떤 초밥 가게 중에는 '저희는 이 순서로 음식을 내놓을 테니, 맛있게 드세요.'라며 가게의 신념이나 생각을 강요하는 곳도 있다. 그런 가게는 음식 솜씨에 자신감이 있어서 분명 맛은 있겠지만, 손님들이 보내는 공간과 시간에 대해서는 별로 의식하지 않는 것처럼 느껴진다.

영업맨들 중에도 능력과 재능이 뛰어나지만 고객을 우선으로 생각하지 않고 자신이 하고 싶은 이야기만을 강조하는 사람이 있는데, 내가 생각할 때 이는 그다지 좋은 영업 자세가 아니다. 아무리 맛있더라도 즐거운 시간과 최상의 분위기를 제공하지 못하는 초밥 가게는 점차 손님들의 발길이 뜸해지듯이, 고객을 우선으로 생각하지 않는 영업맨은 머지않아 고객과 멀어지게 될 것이다.

헛스윙 할지라도 열의를 전달하라

고객의 생각을 헤아리고 니즈를 간파하는 건 결코 쉬운 일이 아니다. 심지어 고객 자신도 알아채지 못한 숨은 니즈를 발굴해야 할 때도 있다. 나는 고객의 말과 행동에 세심한 주의를 기울이며 이를 해결해왔다.

사람은 본래 관심이 많은 일에 대해 말이 많은 법이다. 따라서 고객과의 대화 혹은 고객의 질문은 그 사람의 관심거리를 알 수 있는 힌트가 된다. 또한 이야기를 들으며 고개를 끄덕인다거나 열심히 메모를 한다면 고객이 이 주제에 대해 흥미가 있다는 신호다. 나는 프레젠테이션을 할 때 고객이 어느 페이지, 어느 부분을 주의 깊게 보는지 눈동자의 움직임에도 신경을 썼다. 고객의 반응을 티 나지 않게 관찰하면서 고객이 정말로 원하는 게 무엇인지 파악하고자 노력했다.

영업의 성패는 고객이 영업맨의 이야기를 어떻게 느끼고, 어디까지 수용하는지에 달렸다. '이렇게 열심히 하는데 왜 나는 성과가 없는 거지?'라는 생각은 고객을 중심에 두지 않고 자신의 입장에서만 생각하고 있다는 증거다.

고객에게 도움이 되고 싶다는 마음으로 유익한 정보를 제공하고 고객의 반응을 하나라도 놓치지 말아야 한다. 그래야 고객으로부터 많은 것을 얻어낼 수 있다.

혹시 당신은 고객과 미팅을 한 후 "어땠나?"라고 묻는 상사의 질문에 "잘 안 됐어요.", "어려울 것 같아요."라고 대답하진 않았는가? 그렇게 말했다면 아직 고객보다 자신이 우선이라는 의미다. 영업의 성패에 대한 자신의 판단 기준이 '상품이 팔리느냐, 아니냐'이기 때문에 고객이 흥미를 보이지 않으면 어쩔 수 없다고 생각하는 것이다. 고객의 눈높이에서 생각하면 설령 고객이 부정적인 반응을 보이거나 관심이 없었을지라도 '그렇다면 앞으로 어떻게 해야 고객에게 도움이 될까?'라는 생각이 들 것이다. 영업맨이라면 이 일이 고객을 위한 것인지, 아닌지라는 관점에서 항상 생각해야 한다.

물론 아무리 뛰어난 영업맨일지라도 모든 상황에서 고객에게 도움이 될 수는 없다. 가끔은 고객의 니즈를 오해해 의미 없는 자료를 준비하기도 하고, 전혀 상관없는 정보를 전달하기도 한다. 도우려던 진심이 고객에게는 귀찮은 참견처럼 느껴질 수도 있다.

그래도 괜찮다. 설령 열 번 중에 일곱 번이 헛스윙일지라도 방망이를 열 번 휘둘렀다는 사실이 중요하다. 헛스윙이 일곱 번이었다면 세 번은 명중했을 것이니 타율은 3할이 된다. 이는 굉장한 일이다. 계속 고객에게 도움이 되는 일을 하다 보면 설령 빗맞았을지라도 열의만큼은 반드시 전달된다.

고객이 '저 영업맨과 비즈니스는 못했어도 진심과 열의만큼은 전달되었다'고 느꼈다면 그것만으로도 대성공이다. 신뢰 관계 또한 분명히 한 단계 상승했을 것이다. 진심으로 열의를 가지고 고객을 대하면 반드시 그 마음이 전달된다. 그것이 영업맨이 가져야 할 가장 기초적인 마인드다.

고도의 테크닉이나 뛰어난 전략도 고객을 생각하는 진심과 열의가 없다면 그저 허울일 뿐이다. 고도의 테크닉이나 뛰어난 전략을 이기는 건 그걸 능가하는 테크닉이나 전략이 아니다. 바로 '무한한 열정'이다. 때로는 말도 잘 못하고 소심해 보이는 영업맨이 타의 추종을 불허하는 실적을 올리는 일이 종종 있는데, 그 비밀은 바로 거기에 있는 게 아닐까.

에피소드 1

대접하는 마음으로 신뢰를 쌓아라
- 하야시 후미코[林文子] 시장

현 요코하마[横浜] 시의 하야시 후미코[林文子] 시장은 정치가로 입문하기 전 전설적인 영업왕으로 이름을 떨쳤다. 그녀에 대해 잠시 소개하자면 혼다 자동차의 첫 여성 판매원이자 최단기간에 영업왕 타이틀을 거머쥔 탁월한 영업맨이었으며 이후에는 BMW 일본 법인 사장까지 역임하였다. 영업맨으로서의 능력을 높이 인정받아 다이에(일본 유통업체 – 옮긴이) 재건에 파견되었고, 대표이사 회장 겸 CEO 로서 과감한 개혁을 단행하였다. 그 뒤 요코하마시 시장이라는 정치인으로 변신에 성공했다.

영업맨으로서 하야시 시장의 이력은 무척 화려하지만, 이력보다 더 주목해야 할 것은 바로 그녀의 영업 마인드다. 그리고 그녀가 걸어온 영업맨으로서의 길은 모든 영업맨이 보고 따라야 할 좋은 본보기다.

하야시 시장이 BMW 일본 법인의 사장으로 있을 당시, 나는 그녀의 강연을 들을 기회가 있었다. 고객에 대한 배려의 마음, 업무에 임하는 자세, 영업에 대한 사고방식에 무척 감동받았고 내가 추구했던 영업 스타일과도 비슷한 점이 많다는 것을 느낄 수 있었다.

여성 영업의 선구자인 하야시 시장은 혼다 자동차 판매점의 영업직에 지원하면서 영업의 세계에 발을 들였다. 당시에는 여성이 영업을 할 수 있으리라는 인식이 전무했기 때문에 판매점에서는 '여성은 지원할 수 없다'며 채용을 거절했다고 한다. 하지만 하야시 시장은 포기하지 않았고, "나라면 혼다 자동차를 이렇게 팔겠습니다."라는 자신의 비전과 생각을 제시해 결국 입사에 성공했다. 그때 하야시 시장의 나이는 서른한 살로 사무직 경험은 있었지만 영업직을 경험한 적은 없었고, 더구나 사회적으로 전례가 없는 여성 영업맨이라는 이유로 상당히 고생을 많이 했다고 한다.

그런 고생 속에서도 하야시 시장은 고객의 이야기를 듣고 상대방의 입장에서 생각하며 신뢰를 쌓는 것이 얼마나 중요한 일인지를 깨달았다. '팔기만 하면 장땡, 사기만 하면 장땡'이라는 태도여서는 고객이 절대 자동차를 구매하지 않는다는 점을 깨닫고 '자동차를 팔기 전 고객의 마음을 사야 한다'는 생각에 이르렀다.

구매 계약이 성사될지 모르는 상황이라도 고객의 이야기 상대가 되어주고, 가끔은 쇼핑까지 함께 했으며 가부키(일본의 전통적인 무대 예술-옮긴이) 공연 티켓까지 구해주는 등 고객에게 도움을 줄 수 있는 일에 정성을 쏟았다.

하야시 시장은 『공감하는 힘[共感する力]』이라는 자신의 저서에서 '상대방의 마음을 열기 위해서는 공유하고 공감하는 태도'가 중요하다고 강조했는데, 나 역시 이에 전적으로 동의하는 바다. 고객의 상황을 공유하고 기쁨이나 고민에 공감함으로써 고객과의 거리를 서서히 좁힐 수 있다.

'대접하는 마음'으로 고객의 마음을 사로잡고, 신뢰를 쌓을 수 있었기 때문에 하야시 시장은 당시 수많은 남성 영업맨들을 제치고 매년 영업왕 자리에 오를 수 있었다.

앞서 말한 강연이 끝난 뒤 함께 자리했던 동료 몇 명이 "강연의 내용이 도키 씨가 늘 하던 말과 같네요."라고 말해서 아주 기뻤던 기억이 지금도 나를 기분 좋게 한다.

제2장

2단계 적기에 정확한 포인트를 전달하라

제2장에서는 상대방을 설득하는데 필요한 정보를 전달하는 방법에 대해 소개한다. 영업에서의 정보 전달이란 단순히 상품의 특징을 소개하는 것이 아니라 고객의 수준과 니즈에 맞는 정보를 선별하고, 이를 고객이 깊이 이해할 수 있도록 하는 고도의 소통 행위다. 정보 전달의 최종 목적은 설득하는 것, 즉 고객이 결정을 내리게 하는 것이며 설득의 1단계인 '신뢰'가 탄탄하게 형성되어 있어야만 제대로 정보를 전달할 수 있다.

유능한 영업맨은 활용법을 상상한다

고객이 결정을 내리는 데 필요한 정보는 팔고자 하는 상품이나 서비스에 따라 제각각 다르다. 하지만 어떤 상품이나 서비스든지 고객에게 반드시 알려야 하는 중요한 한 가지가 있다. 그것은 바로 그 상품이나 서비스가 '고객에게 도움이 될 것이다' 혹은 '고객의 생활에 편리함과 즐거움을 선사할 것이다'는 점이다.

대형 홈쇼핑 업체인 '자파넷 다카타(Japanet Takata)'를 모르는 사람은 없을 것이다. 자파넷의 판매 방식은 영업맨들이 배워야 할 요소가 아주 많아서 나는 부하 직원들에게 방송을 시청하라고 권한 적도 있었다. 자파넷이 홈쇼핑 업계에서 급성장을 이룬 근본 원인은 무엇이었을까.

이전에 자파넷의 다카타 아키라[高田明] 사장이 어느 텔레비전 프로그램에서 인터뷰하는 것을 본 적이 있다. 다카타 사장의 본가는 나가사키[長崎] 현의 히라도[平戶] 시에서 카메라 가게를 운영했다고 한다. 그리고 1986년에 사세보[佐世保] 시에 자파넷 다카타의 전신인 '주식회사 다카타'라는 카메라 가게를 설립했다. 그런데 그 가게의 주력 상품인 비디오카메라가 고가라는 이유로 도통 팔리지 않아 고민이 이만저만이 아니었다고 한다.

어떻게 하면 비디오카메라를 팔 수 있는지 궁리한 끝에 다카타 사장은 한 가지 아이디어를 떠올렸다. 자신이 직접 비디오카메라를 들고 이웃집을 돌면서 집에 있는 아이들을 촬영한 다음 그 자리에서 바로 텔레비전에 연결해 촬영한 영상을 보여주었던 것이다. 그 결과 비디오카메라는 상당한 고가임에도 불구하고 한 달 만에 50대나 팔 수 있었다고 한다.

'이 상품은 고객에게 반드시 필요한 물건이다', '이 상품은 고객의 생활에 즐거움을 줄 수 있다'는 정보를 실제로 고객에게 체험시킨 좋은 영업 사례다. 상품을 팔 때 고객에게 필요한 정보를 전달하는 방법은 여러 가지가 있겠지만, 다카타 사장은 고객이 보는 앞에서 비디오카메라의 촬영과 재생 기능을 보여줌으로써 정보를 전달했다. 그리고 그것이 크게 성공하여 대량 판매로 이어졌다.

다카타 사장의 사례는 '어떠한 기능이 있다'고 말로 설명하기보다 '무엇을 할 수 있는가'를 전달하는 것이 설득을 함에 있어 더 중요하다는 것을 시사하고 있다. 상품을 판매할 때는 이러한 접근이 아주 효과적이다.

나도 이와 비슷한 경험을 한 적이 있다. 얼마 전 데스크톱을 구입하기 위해 가전제품 매장에 들러 다양한 기종을 비교해 보았다. 각 기종마다 붙어 있는 스티커에는 'Windows 7 64bit 인텔 core i7프로세스 2.3GHz 메모리 8GB HDD 2TB……'라는 사양이 기재되어 있었는데, 나는 아날로그에 익숙한 사람이라 솔직히 무슨 말인지 전혀 이해되지 않았다. 이 정보들은 내가 구매를 결정하는 데 아무런 도움이 되지 않았던 것이다.

　컴퓨터를 잘 아는 사람이라면 각 제품의 사양을 꼼꼼하게 비교하고 분석해 자신에게 가장 잘 맞는 기종을 선택할 수 있지만, 나는 무엇을 선택해야 할지 몰라 선뜻 판단을 내리기 어려웠다. 나는 점원을 붙잡고 "컴퓨터를 사려는 데 무엇이 좋을까요?"라고 말을 건넸다. 그러자 점원은 "컴퓨터로 텔레비전 방송 같은 동영상을 자주 보십니까?"와 같은 알기 쉬운 질문을 했고, "별로 즐겨 보지 않아요."라는 내 대답에 "그렇다면 이 제품이면 충분할 겁니다."라고 하나를 추천해 주었다.

　이 두 가지 사례에서 볼 수 있듯이 고객이 의사를 결정하기 위해 필요한 정보는 복잡하고 어려운 사양이 아니라 이 상품으로 무엇을 할 수 있고 어떻게 사용할 수 있는지를 보여주는 것이다. 비디오카메라를 구입한 사람들과 나는 기계를 잘 모르는 타입이기 때문에 이해하기 쉬운 정보가 구매를 결정하는 데 도움이 되었다. 하지만 기계를 잘 아는 사람들에게는 간단한 정보보다 상세한 사양표가 더 도움이 될 수도 있다.

이처럼 고객에 따라 의사결정에 도움이 되는 정보는 모두 제각각이기 때문에 영업맨은 고객이 어떤 정보를 원하고 어떤 정보에 반응하는지를 충분히 검토해야 한다.

세상에 없는 니즈를 창출하라

'이 상품이 고객에게 필요한가?'라는 물음에 명확하게 대답할 수 있으면 고객의 '새로운 니즈'도 창출할 수 있다.

영업직에 종사하는 사람이라면 다음 에피소드를 들은 적이 있을 것이다.

신발 장수 두 사람이 아프리카를 방문했다. 그 당시 아프리카는 아직 미개척지여서 신발을 신고 있는 사람이 아무도 없었다. 한 신발 장수는 '신발을 신은 적도 없고 모두 맨발로 다니니 신발이 팔릴 리가 없겠군.'하고 생각하며 판매를 포기했다. 그런데 다른 신발 장수는 '신발을 신고 있는 사람이 아무도 없으니 큰 장사를 할 수 있을 거야.'라고 생각했다.

신발을 신은 적이 없는 사람에게 신발의 필요성을 이해하게 만드는 것이 바로 '새로운 니즈를 창출하는 일'이다. 이 사례에서는 더 빠르고 안전하게 달릴 수 있다는 점과 먹잇감을 잡기 쉬워진다는 점이 설득의 자료가 될 수 있다. 또 신발을 신음으로써 위험한 해충으로부터 몸을 보호하고 부상을 방지할 수 있다는 설득도 가능하다.

나도 영업맨 시절에 이와 비슷한 예로 '만약 남극에서 냉장고를 판다면 어떻게 팔 수 있는지'를 고민한 적이 있었다. 물론 전기가 있다는 전제하에 상상해 보았다.

상식적으로 극한의 남극에서는 냉장고가 필요 없다고 생각하기 쉽다. 하지만 나는 '남극에서는 모든 물건이 꽁꽁 얼어버린다. 그런데 채소는 얼면 세포가 파괴되어 맛이 떨어진다. 신선한 상태로 보관하려면 적정 온도로 냉장할 수 있는 냉장고가 필요하다. 그래서 채소를 보관할 수 있는 냉장고를 팔 수 있을 것이다.'라는 설득의 이유를 찾아냈다.

이 상품이 고객에게 왜 필요한지만 설명할 수 있다면 판매도 더 쉽게 할 수 있음은 물론, 고객에게 이득도 줄 수 있다. 단, 그 이유에 대해서는 영업맨 스스로도 납득할 수 있어야 한다. 영업맨 자신이 진심으로 그렇게 믿지 않는다면 상대방에게 필요성이 제대로 전달될 수 없고 새로운 니즈도 창출할 수 없기 때문이다.

지금 당장은 아니더라도 '언젠가는 꼭 필요하다'는 이유를 고객에게 설명하는 것도 새로운 니즈의 창출이다. 1990년에 나는 주식파생금융상품으로 불리는 주식선물이나 옵션을 판매하러 다녔는데, 그야말로 '지금은 굳이 필요 없지만, 장차 필요할 수 있는 상품'을 팔아야 하는 일이었다.

　파생금융상품에 대해 간략하게 소개하자면, 주식 등의 시장 변동 리스크를 회피하기 위한 것으로 그중에서도 선물 거래는 닛케이 225지수나 도쿄증권거래소 주가지수(TOPIX) 등을 장래 일정 시점에 미리 지정한 가격에 매매하기로 약속하는 거래다.

　1990년 당시 일본은 거품 경제가 정점에 달해 많은 투자자들이 이런 최상의 경제 상황이 영원히 지속될 것이라며 주가 폭등에 흠뻑 취해 있었다. 그 때문에 1988년부터 일본에서 새로 시작된 선물 거래나 옵션 거래 같은 주식 거래는 거들떠보는 사람이 전혀 없었다. 그동안 접해보지 않은 상품이기 때문에 아무도 필요성을 느끼지 못한 요인도 있었다.

　그러한 상황에서 영업을 하기란 무척 힘들었다. 주식 파생금융상품을 소개해도 "그게 뭐예요? 뭔지도 모르는 데 지금은 필요 없어요."라는 부정적인 반응이 대부분이었다.

　하지만 나는 파생금융상품의 특징을 꼼꼼하게 설명하고 이를 이용하면 보유한 주식이 급락했을 때 허둥지둥하며 주식을 매도하는 일 없이, 주식을 보유한 채 손실을 제한할 수 있다고 알려주었다. 또 연금 운용에 옵션을 조합하면 어떤 일이 가능한지 이론적으로 제시하며 고객들의 이해를 도왔다.

　시간이 흘러 경제의 거품이 조금씩 빠지고 주식시장도 하락세가 지속되자 고객들 사이에 파생금융상품의 유용성이 점차 알려지게 되었고, 덕분에 거래도 많이 성사시킬 수 있었다. 앞으로의 주식 운용에 도움이 되리라는 믿음으로 새로운 니즈를 창출한 결과였다.

상품이나 서비스를 팔기 위해서는 일단 고객에게 그것의 정보가 전달되어야 한다. 그러기 위해 영업맨은 다음에 설명하려는 '어려운 내용을 쉽게 전달하는 기술'을 익혀야 할 필요가 있다.

아무리 유용한 정보를 성실하게 이야기해도 상대방에게 전달되지 않으면 아무런 의미가 없다. 상대방에게 제대로 전달하기 위해 어떤 방법을 사용하는가, 바로 여기서 영업맨의 능력이 드러난다.

어려운 것을 쉽고 재미있게 전달하라

산업과 기술의 발전으로 인해 세상에는 전문가만 알 수 있는 어려운 정보들이 증가하고 있다. 금융상품도 마찬가지로 파생금융상품의 등장으로 인해 단숨에 고도화·복잡화되었다. 동시에 그것을 고객에게 설명하고 도움이 된다는 사실을 전달하기가 더욱 어려워졌다.

아직 사용해본 경험이 없어서 필요성을 느끼지 못하는 상품을 어떤 방법으로 이해하기 쉽게 설명할 것인가. 나는 항상 그 점을 생각하며 시행착오를 반복해왔다. 그리고 그것은 내가 영업을 하며 지켰던 기본 신조 중 하나가 되었다.

몇 년 전 신문 기사에 소개된 한 회사 사장의 좌우명을 보았다. 거기에는 다음과 같이 쓰여 있었다.

'어려운 것을 더 쉽게, 쉬운 것을 더 깊게, 깊은 것을 더 재미있게'

그 말을 보고 나는 엄청난 감명을 받았다. 이는 극작가로 활동하며 『기리키리진[吉里吉里人]』 등 수많은 명작을 남긴 고(故) 이노우에 히사시[井上ひさし]의 말이었다. 이 좌우명은 내가 영업을 생각하는 마음과 완전히 일치했다. 영업에 종사하는 사람이라면 반드시 가슴속에 지녀야 할 마인드다.

영업맨의 임무는 고객에게 도움이 되는 정보를 전달하는 것인데 어려운 내용을 풀어 이해하기 쉽게 말하는 건 '전달'하는 행위의 3분의 1밖에 차지하지 않는다. 한층 내용을 깊이 있게 설명하고 재미있게 말할 수 있어야 고객에게 제대로 전달된다는 점을 새삼 깨달았다. 더불어 고객이 깨닫지 못한 니즈까지 찾아내서 명확한 형태로 제시하는 일도 이해하기 쉽게 전달하는 방법에 포함된다.

유명 애니메이션 「도라에몽」의 오프닝 곡인 「도라에몽의 노래」를 들어본 적이 있는가. 이 노래에서는 '하고 싶은 일을 모두 할 수 있으면 좋겠네'라는 가사가 나온다. 이 노래는 모든 영업맨의 마음을 단적으로 표현한다. 애니메이션을 예로 들었다고 농담이라 생각할 수 있지만 나는 지금 무척 중요한 이야기를 하고자 한다.

여기서 '하고 싶은 일을 모두 할 수 있으면 좋겠네'라는 말은 고객의 니즈를 뜻한다. 그 구체적인 니즈 중 하나가 노래 가사에는 '하늘을 마음껏 날고 싶어라'라고 나온다. 그리고 그 니즈에 대해 '좋아, 대나무 헬리콥터!'라는 하나의 대답이 제시된다. '이런 것을 하고 싶다'는 말에 '그럼 이것을 사용해 봐'라고 정보를 전달하고 있다.

만약 '대나무 헬리콥터에는 이런 성능이 있다'는 정보만 전달한다면 어떨까. 대나무 헬리콥터를 어떻게 사용할지 고객이 스스로 생각해야 한다. 결국 고객은 자신의 경험과 지식 내에서만 상상하는 데에 그친다.

그러나 영업맨이 '그것을 이용해 하늘을 날 수 있으면 더 편하지 않을까요?' 혹은 '이것을 이용해 하늘을 난다면 더 즐거울 것 같아요.'라며 고객의 숨겨진 니즈를 파악해 정보를 전달하면 고객의 상상력이 확장되면서 고객 역시 새로운 니즈를 이해할 수 있다.

내가 생각할 때 상대방에게 정보를 이해하기 쉽고 재미있게 전달하는 기술의 일인자는 인기 텔레비전 프로그램인 「그랬구나! 이케가미 아키라의 배우는 뉴스」로 잘 알려진 이케가미 아키라[池上彰] 씨다. 그가 정치와 경제부터 시작해 역사, 국제 정세에 이르기까지 다양한 분야의 정보를 이해하기 쉽고 흥미롭게 전달할 수 있는 비결은 그 자신부터 관련 사항을 아주 깊이 공부한다는 것이다.

나는 말단 영업사원 시절에 상사로부터 상대방에게 정보를 제대로 전달하려면 그보다 세 배 이상은 깊이 알고 있어야 한다는 가르침을 받았고, 이 때문에 내가 팔고자 하는 상품에 대한 공부를 게을리하지 않았다. 고객에게 이해하기 쉽고 재미있는 정보를 전달하기 위해서는 이케가미 아키라 씨처럼 영업맨 자신이 늘 공부하는 자세를 지녀야 한다.

스스로 고객의 비서를 자처하라

고객에게 도움이 되는 정보를 제공하는 일이 영업맨의 중요한 역할이라고 서술했다. 그러기 위해서는 고객이 어떤 생각을 하고 무엇을 원하는지 평소에 잘 관찰해야 한다.

예를 들어 고객이 자신에게 어떤 부탁을 했을 때 비즈니스와 상관없는 일일지라도 절대로 귀찮게 여겨서는 안 된다. 고객의 부탁을 들어주는 건 고객에게 도움을 줄 수 있는 기회임과 동시에 고객이 현재 생각하고 바라는 점을 엿볼 수 있는 절호의 찬스다.

고객의 부탁을 처리하는 일은 최대 이틀을 넘기지 않도록 한다. 만약 당장 해결하기 어려운 문제라면 고객에게 전화를 걸어 현재 진행 상황을 전달해 부탁한 일을 기억하고 있다고 표현해야 한다.

예전에 고객에게 부탁 받은 자료를 이틀째 되는 날에 가지고 갔더니 "내가 생각한 자료가 아니네."라는 말을 들은 적이 있었다. 충분한 의사소통이 이루어지지 않았고, 제대로 요구 사항을 확인하지 못한 이유 때문이었는데 이러한 실수를 피하기 위해서는 이튿날에라도 전화를 걸어 "어제 말씀하신 부탁 건을 이렇게 진행하고 있습니다. 원하시는 방향이 맞습니까?"라고 확인을 하는 것이 좋다.

고객의 부탁을 들어줬다고 해서 끝이 아니다. 원하는 것이 맞는가를 확인함으로써 고객에게 이 정보가 왜 필요한지, 무엇에 쓰려고 하는지를 알아낼 수 있다. 또다시 비슷한 상황이 생긴다면 "이전에 의뢰하신 것과 관련해 더 이상 필요하지 않으실 수도 있겠지만 자료를 조금 더 찾아보았습니다."하며 건넬 수 있다. 또 고객이 새로운 일을 시작할 때에도 적극적으로 나서서 "제가 도와드릴 일은 없습니까?"하고 물어보았다.

나는 특히 고객이 조직 내에서 어떤 위치에 있고, 어떤 상황에 처해 있는지를 파악하는 데 주력했다. 고객이 지금 조직 내에서 얼마만큼의 기대를 받고 있는지, 현재 처리해야 하는 과제가 무엇인지를 알아내서 내 비즈니스와 직접적인 관련이 없는 도움이라도 마다하지 않고 제공했다. 다시 말해, 조직 내에서 고객의 평가나 승진을 좌우할 일이 무엇인지를 찾아내 도움이 될 만한 정보를 제공하고 거들어왔다.

영업맨 시절, 한 고객의 뉴욕 출장에 동행한 적이 있었다. 뉴욕에서의 회의를 마치고 돌아오는 비행기 안에서 나는 모든 회의의 내용을 정리해 나리타 공항에 도착하자마자 "혹시 앞으로 업무를 진행하시면서 필요하시면 사용하십시오."라며 건넸다. 당시는 노트북이 없어서 손으로 지저분하게 쓴 자료였지만 고객은 아주 많이 기뻐하였다. 비록 내가 진행하는 비즈니스에 관한 일은 아니었지만, 고객이 기뻐하는 모습을 보니 비행기 안에서 잠도 자지 않고 정리한 보람을 느낄 수 있었다.

공적인 일뿐만 아니라 고객의 사적인 일에도 주의를 기울여야 한다. 고객이 여행을 간다면 멋진 여행지를 추천함으로써 이야기에 활기를 더할 수 있다.

영업맨의 역할은 호텔로 치면 다양한 고객의 요구에 응하는 '컨시어지'와 같다. 고객의 상황과 주변을 잘 관찰하면 도움을 줄 수 있는 기회는 사방 천지에 널려 있다. 그 기회를 알아챌 정도로 나 자신이 고객의 입장에서 생각하는지, 어떤 부탁에도 귀찮아하지 않고 고객을 위해 움직일 준비가 되어있는지가 결국에는 영업의 성패를 결정지을 것이다.

'필요 없다'는 방패를 뚫으려면

제1장에서 고객과 신뢰를 쌓는 방법에 대해 알아봤다면, 제2장에서는 팔고자 하는 상품이나 서비스의 정보를 전달하는 방법에 대해 소개하고 있다. 이 두 가지를 모두 알아야 고객과 약속을 잡고 비

즈니스를 제안할 수 있다.

그런데 고객에게 상품이나 서비스를 제안하기 전 생각해야 할 일이 있다. 그것은 바로 '고객이 왜 지금 내 이야기를 들어야 하는가'이다.

신뢰 관계가 3단계 이상이라면 시간을 내달라는 부탁만으로 쉽게 약속을 잡을 수 있다. 하지만 아직 그만큼 신뢰가 쌓이지 않았다면 고객은 '왜 내가 지금 이 사람에게 시간을 내줘야 할까?'라고 생각한다. 이 때문에 영업맨은 고객에게 어떤 메리트를 제공할 수 있는지 미리 생각하고, 이 만남이 고객을 위한 것이라는 걸 충분히 설명할 수 있어야 한다. 고객의 니즈를 제대로 파악하지 않은 채 그저 '판매'하기 위해 만난다면, 필요 없다는 고객의 반응과 맞닥뜨리게 된다.

영업을 하면서 "필요 없어요."라는 말은 자주 들을 수 있다. 영업맨은 그 말에 충격을 받아 우왕좌왕해서는 안 된다. 자신의 제안에 대해 필요 없다는 대답을 들었다면, 이에 어떻게 대응할지도 미리 생각해두어야 한다.

필요 없다는 말을 들었다는 건 고객과의 신뢰가 충분히 구축되지 않았고, 애당초 제안이 고객의 니즈에 부합하지 않았다는 것을 의미한다. 이러한 반응에 대해 "오늘 시간 내주셔서 감사합니다."라는 말로 자리를 끝내고 순순히 물러나는 것은 영업맨으로서 칭찬 받을 행동이 아니다. 행여나 어떻게 대응해야 할지 구체적으로 떠오르지 않는다면 "예, 그럼 다음에 다시 찾아뵙겠습니다."라고만 말해도 고객에게 나쁜 인상을 심어주는 것을 막을 수 있다.

    고객과의 미팅 후에는 "앞으로 참고하려고 하는데, 제 제안 중에 어떤 점이 부족했는지 알려주시면 감사하겠습니다."라고 직접 거절의 이유를 물어보는 것이 좋다. 그만큼 자신의 제안이 진지했다는 것을 전달할 수 있고, 고객의 입으로 이유를 직접 들음으로써 그동안 파악하지 못했던 고객의 숨은 니즈도 발굴할 수 있다.

    영업맨 시절, 한 거대 기업의 임원과 몇 차례 만나 상품을 제안한 적이 있었다. 두세 번 방문한 후 그다음에 다시 방문했을 때, 그는 나를 보자마자 "오늘은 어떤 이야기를 해줄지 기대됩니다."라는 말을 했다. 엄청난 부담감을 느끼며 긴장감 속에 이야기를 진행했는데, 상대가 그런 말을 한 것도 내가 매번 도움이 될 만한 정보를 제공했기 때문이었다. 돌아갈 때 그분이 방긋 웃으며 "가끔 인사 차 오지만 말고, 놀러도 오세요."라고 말했는데, 그땐 정말이지 영업을 하면서 이보다 더 행복할 수 있을까하는 생각이 들었다.

    고객의 기대를 받고 그 기대에 부응하거나 기대 이상의 제안을 할 수 있다면 어엿한 영업맨으로 성장했다고 느껴도 좋다.

프레젠테이션도 고객과의 커뮤니케이션이다

고객에게 정보를 전달하기 위한 수단으로써 프레젠테이션은 활용 가치가 아주 높다. 프레젠테이션은 기업에서 공개적으로 어떤 사안을 결정하기 위한 대규모적인 것에서부터 고객과의 미팅 자리에서 새로운 상품이나 서비스를 소개하는 소규모적인 것까지 형식이 무척 다양하다.

이미 시중에는 프레젠테이션 노하우를 설명하는 책이 많이 나와 있다. 다양한 기법을 소개하고 있겠지만, 공통적으로 말하는 프레젠테이션의 핵심은 '정보를 명확하게 전달하라'일 것이다. 요즘은 프레젠테이션 자료를 작성하는데 '파워포인트'라는 편리한 소프트웨어를 사용해 개성 넘치는 슬라이드를 만들 수 있고, 동영상까지 삽입해 자료를 구성할 수도 있다. 하지만 아무리 멋지고 화려한 기술을 구사한다고 해도 프레젠테이션의 진짜 목적을 간과해서는 절대 안 된다.

프레젠테이션의 주제가 정해지면 무턱대고 파워포인트를 사용해 자료를 작성하기 시작하는 사람도 있지만, 그보다 먼저 무엇을 전달하고 싶은지, 어느 부분을 포인트로 전달할 것인지를 명확하게 하는 작업이 우선되어야 한다. 전달하고 싶은 포인트나 키 워드를 미리 정리해두면 한층 더 알기 쉽고 인상적인 자료를 완성할 수 있다. 큰 틀을 정한 다음에 그래프나 도표를 더해 내용을 보강하도록 한다. 또한 Part2에서 소개할 '1분 대화법'을 사용해 정보를 전달하는 연습을 한다면 상대방이 핵심을 더 잘 이해하게 되어 무엇을 호소하고 싶은지를 효과적으로 전달할 수 있다.

나는 수많은 프레젠테이션에 참석했고, 경쟁 기업의 자료도 많이 봐왔다. 내 경험상 자료가 깔끔하거나 화려하다고 해서 그 프레젠테이션이 성공했다고 판단할 수는 없었다.

아무리 멋진 기술을 구사해 프레젠테이션 자료를 만들어도, 고객이 봐야 할 포인트를 강조하지 않으면 이야기에 집중하기 어렵다. 중요한 부분이나 키워드는 붉은색으로 표기하거나 서체를 굵게 바꾸는 등 한눈에 알아볼 수 있도록 구성해야 한다.

이보다 더 중요한 것은 프레젠테이션을 하면서 동시에 고객의 반응을 유심히 관찰해야 한다는 것이다. 고객이 자꾸만 뒷장을 넘겨본다면 내용이 지루해서 빨리 끝나길 바란다는 신호다. 혹은 경쟁사의 프레젠테이션에서도 비슷한 내용을 보았을 수 있다. 그럴 때는 내가 가장 전달하고 싶은 정보가 쓰인 페이지로 넘어가서 단도직입적으로 제안을 던지는 과감함도 필요하다.

가장 이상적인 프레젠테이션은 앞 페이지에서 전달하고 싶은 점을 명확하게 제시하고 고객에게 "이것에 대해 더욱 상세하게 설명드리고자 하는데 괜찮으십니까?"라고 미리 확인받는 것이다. 그러면 고객도 어떠한 논점을 가지고 이야기를 들을지, 어떻게 의사결정을 할지 미리 준비할 수 있다. 또 고객이 특별하게 듣고 싶은 부분이 있다면 "여기를 더 자세하게 말해주세요."라고 요청하는 경우도 있기 때문에 그 부분을 중점적으로 설명할 수 있게 된다.

정리하자면 프레젠테이션은 '무엇을 전달하는가'를 목적으로 해야 하고, 그 점이 명확하지 않은 프레젠테이션은 아무리 멋진 화면이나 기술이 있어도 실패한 것이다.

프레젠테이션 혹은 미팅이 끝나면 큰 고비를 넘긴 기분이 들어 안도의 한숨이 절로 나온다. 하지만 끝났다고 기뻐하긴 이르다. 프레젠테이션은 끝나고 난 뒤가 더 중요하기 때문이다.

프레젠테이션이나 미팅이 끝나면 매번 그 성과를 채점하고 반성할 점과 보완해야 할 자료를 정리해두어야 한다. 이를 통해 새로운 작전 회의를 할 수 있고 다음 프레젠테이션 내용을 더 발전시킬 수 있기 때문이다. 또한 팀 전체가 잘못된 점을 반성함으로써 문제점이나 개선점을 공유할 수 있고 더욱 치밀한 연대 플레이를 구상할 수 있다.

채점의 기준은 고객의 반응이 그저 그랬거나 고객의 니즈를 잘 파악하지 못했다면 0~60점, 미팅이나 프레젠테이션을 한 결과 고객과 신뢰가 심화되어 호의적인 반응을 이끌어 냈다면 61~90점으로 매긴다.

나는 프레젠테이션 후 고객을 배웅한 뒤 "오늘은 00점!"이라고 동석한 담당 영업맨에게 말해주었다. 90점인 날은 나도 기분이 좋아서 술을 겸한 뒤풀이 자리를 마련하기도 했다.

참고로 나는 단 한 번도 나 자신에게 100점을 준 적이 없다. 늘 반성해야 할 점이 있어서 '뭐가 부족했지?', '왜 고객을 더 즐겁게 해 드리지 못했을까?', '고객의 그 반응은 무슨 의미였을까?'라며 프레젠테이션 내용을 복기했다.

계획, 실행, 사후 검증, 그리고 다음의 행동 계획이 설득의 기술을 더욱 향상시키고 목적의식을 강화시킨다는 점을 절대 잊지 말아야 한다.

상황별 전달 트레이닝으로 영업용 두뇌 만들기

영업맨은 고객에게 판매하고자 하는 상품이나 서비스에 대한 정보를 전달한다. 이때 반드시 고객에게 '전달한다'는 행위가 발생하기 때문에 영업에 종사하는 사람이라면 어떠한 상황에서도 제대로 전달할 수 있는 기술을 연마해야 한다.

이전에 외국인 선배가 신입 사원 채용 면접의 면접관으로 들어갔을 때 반드시 지원자들에게 던지는 질문이 하나 있었다. 그 선배는 면접 도중 주머니에서 볼펜을 꺼내 책상 위에 올려놓고, "이 볼펜을 나에게 팔아보세요."라는 요구를 했다.

면접을 보는 지원자들은 당연히 그 볼펜이 어느 회사의 제품인지, 어떤 장점이 있는지 알 리 없다. 그런데 느닷없이 팔아보라고 주문하기 때문에 대부분 당황한 채 굳어버렸다.

필시 영업을 어느 정도 경험한 사람이라도 갑자기 이런 요구를 받으면 적잖이 당황할 것이다. 하물며 신입 사원을 뽑는 면접에서 그런 말을 들으니 긴장감이 한층 고조되었을 것이다. 이런 상황에서도 단시간에 볼펜의 장점, 다른 볼펜과의 차별점을 찾아내 간결하게 전달할 수 있는가, 그 순발력을 보기 위한 질문이었다.

난감하고 어렵지만 그런 질문 방식은 영업맨들에게도 효과적인 트레이닝이 될 수 있다. 영업맨은 날마다 다양한 상황에서 상품이나 서비스에 관한 정보를 전달하는 훈련을 반복해 두뇌를 '영업용'으로 세팅시켜야 한다. 그래야만 어떤 상황에 처해도 대응할 수 있는 능력을 갖게 된다.

상품에 대한 애정은 반드시 전달된다

전달하기와 관련해 한 가지 더 중요한 것이 있다. 판매하고자 하는 상품을 영업맨 자신부터 사랑해야 상대방을 제대로 설득할 수 있다는 것이다.

얼마 전 훌륭한 맛으로 소문이 자자한 음식점을 방문했다. 인터넷에서 메뉴에 대한 다양한 평가를 보았지만, 나는 직접 메뉴를 고르지 않고 "오늘의 추천 메뉴는 무엇인가요?"라고 물어보았다. 그러자 사장은 "이 메뉴가 저희 가게의 추천 메뉴인데, 이런 방법으로 요리해 특별한 맛을 냅니다. 손님들의 평가도 아주 좋습니다."라며 친절하고 상세하게 설명을 해주었다. 그는 아주 자신감 넘치는 태도였고, 설명을 듣기만 해도 근사한 요리가 상상되어 군침이 돌았다. 나는 주저 없이 사장이 추천한 메뉴를 주문했고, 기대한 만큼 훌륭한 맛을 느낄 수 있었다.

그렇다면 패밀리 레스토랑은 어떨까. 가게에 들어서면 "어서 오세요."라는 인사와 함께 "이 버튼을 누르시면 주문을 도와드리겠습니다."라는 안내를 받는다. 나는 한 패밀리 레스토랑에서 이전과 마찬가지로 "추천해 주실 메뉴가 있나요?"라고 물어보았다. 그러자 점원은 "지금은 이런 행사가 진행 중입니다."라며 기간 한정 메뉴를 추천해주었다.

어느 쪽의 설명이 팔고자 하는 사람의 진심을 전달하는지는 굳이 말하지 않아도 알 수 있을 것이다. 물론 패밀리 레스토랑은 일반 음식점과는 업태가 다르다. 정해진 메뉴를 적정 가격으로 제공한다는 콘셉트하에 파트타임 종업원들에게 일관된 매너를 교육하고 있으므로, 형식적인 대답을 할 수밖에 없다. 하지만 그럼에도 불구하고 이 두 가지 사례를 비교한 것은 상품에 대한 자신의 생각이 고객의 마음을 움직인다는 사실을 명확하게 보여주기 위함이다.

아무리 좋은 상품이나 서비스를 제공한다 해도 고객에게 어떻게 전달하는지에 따라 평가는 달라진다. 영업맨 역시 자신이 팔고자 하는 상품이나 서비스를 얼마나 사랑하느냐에 따라 전달의 효과가 다르게 나타날 수 있음을 기억해야 한다. 이 때문에 영업맨은 상품을 팔기 전에 먼저 그 상품을 사랑해야 한다. 그리고 상품에 대해 철저하게 공부해야 한다.

좋은 실적을 올리는 영업맨이란, 결국 자신이 판매하는 상품을 진심으로 사랑하고 그것을 사용하면 고객도 행복해질 것이라 믿는 사람이다. 상품을 믿고 고객을 진심으로 생각하기 때문에 고객이 좋은 이미지를 떠올릴 수 있도록 상세하게 전달할 수 있고, 열의를 가지고 권할 수 있는 것이다.

잘 말하는 것만큼 잘 듣는 것도 중요하다

마지막으로 아주 중요한 것이 있다. 간결하고 이해하기 쉽게 전달하는 것 역시 중요한 일이지만 전달하는 '말솜씨'가 서툴면 고객이 상품이나 서비스에 대해 제대로 파악할 수 없고, 신뢰도 쌓기 어렵다.

소통과 전달의 수단으로서 대화는 가장 직접적인 방법이다. 그러므로 고객에게 상품이나 서비스를 구매하게 해야 하는 영업맨은 전달 기술인 말솜씨를 반드시 길러야 한다. 그래서 나는 과거 영업맨 시절, 다양한 경험과 노하우를 바탕으로 '절대 대화법'을 만들었고, 이를 끊임없이 연마해왔다.

그렇다고 해서 우리 쪽에서 가진 정보를 고객에게 이해시킨 것만으로 전달의 목적을 이루었다고 하기 어렵다. 캐치볼처럼 고객과 대화를 주고받으며 고객의 생각을 파악하는 것도 중요하다.

나 역시 젊은 시절에는 내가 판매하는 상품의 장점을 알아주길 바라는 마음만 앞서서 고객에게 일방적으로 설명을 늘어놓기 일쑤였다. 그리고 난 후에는 항상 선배에게 지적을 받곤 했다.

"프레젠테이션 자료를 가지고 너 혼자 떠들어대니 고객이 어떻게 의사를 표현하겠어. 영업은 말하는 장사가 아니야. 상대방이 말하게 하는 일이지. 그걸 혼동해서는 안 돼."

시간이 흐른 뒤, 프레젠테이션 자료 없이도 중요한 내용을 전달하고 대화를 통해 상대방의 생각을 파악할 수 있게 되어서야 비로소 그 말의 진정한 의미를 깨닫게 되었다. 선배의 조언 속에는 '전달이란 상대방이 나를 신뢰하게 만드는 것'이라는 영업의 진리가 담겨 있었다.

좋아하는 상대와 친해지려면 '상대방이 기분 좋게 말할 수 있는 분위기를 조성하고 자신은 듣기만 하라'는 말이 있다. 영업도 마찬가지다. 고객이 기분 좋게 말하도록 만드는 것이 중요하다. 고객이 신 나서 말을 많이 하게 되면, 그 속에서 고객의 기호와 니즈를 알 수 있다.

대화를 통해 한 가지 더 알아야 할 것은 고객이 어떻게 결정을 내리는지, 즉 결정 패턴을 아는 것이다. 대화를 거듭하다 보면 상대방이 결정을 하기 위해 어떤 점을 판단의 기준으로 생각하는지, 정보를 얼마나 모은 뒤에 판단하는지, 리스크를 지나치게 두려워하는 것은 아닌지, 이익이 얼마나 되는지를 가장 중요하게 여기는지, 자신이 판단하지 않고 상사의 지시를 따르는 타입인지 등 어느 정도 상대방의 결정 패턴을 파악할 수 있다. 그런 정보는 상대방의 최종 결정을 이끌어내는데 있어 아주 중요한 자료가 된다.

대화를 할 때 일방적으로 정보를 제공하는 것에만 열중했는지, 상대방에게서 중요한 정보를 얻는다는 마음을 가졌는지에 따라 성과도 크게 달라진다. 영업맨은 정보를 전달함과 동시에 고객의 반응을 주의 깊게 관찰하고, 고객의 말에 귀 기울여야 한다. 그리고 고객이 어떻게 생각하고 어떤 판단을 할지 그의 입장에서 생각해야 한다.

'단지 전달만 하는 데 그치지 말고 나에게 유리한 정보를 파악한다'는 점을 의식할 수 있게 되면 영업맨으로서 한 단계 더 성장할 수 있다. 고객이 발신하는 다양한 사인을 놓치지 않도록 유의하자.

에피소드 2

겉과 속이 다른 금융계 사람들

으레 외국계 금융 기업에 다닌다고 하면 왠지 샤프하고 세련된 외모에 점잖은 성격의 사람일 거라 생각하는 사람들이 많겠지만, 외부에서 보는 것과 안에서 보는 것은 천지 차이다. 의외로 정반대의 사람들이 모여 있는 곳이 바로 금융계다.

주식시장이 열려 있는 본 업무 시간에는 "야! 뭐 하는 거야! 똑바로 안 해?"라는 호통이 사무실을 떠날 줄 몰랐고, 상사들 주변으로는 반경 3미터 이내에 다가가지 않으려고도 했다.

야유회도 당연히 격한 분위기로 사원마다 각각 개인기를 준비해야 했다. 나와 주식 부문 공동 책임자를 맡고 있던 영국인 트레이더는 평소에는 냉정하고 침착한, 그야말로 금융맨 같은 사람이었는데 야유회가 시작되자 의욕이 치솟아 180도 돌변했다. 어느 해에는 그와 둘이서 버드 걸(버드와이저 문양을 크게 디자인한 원피스 의상을 입은 여성-옮긴이)의 의상을 입고 "오-하!"라고 소리를 지르며 '신고마마의

오하록(아이돌 그룹 SMAP의 가토리 신고가 신고마마라는 이름으로 발매한 첫 번째 싱글 앨범-옮긴이)' 춤을 추기도 했다.

　물론 고객들 중에도 거친 사람이 있었다. 한 고객은 방위대학 출신으로 평소에는 행동과 말투가 부드럽고 온화했지만, 술자리에서만큼은 달랐다. 그와 함께 하는 회식은 전형적인 남자들의 회식으로 잔에 따른 술은 무조건 '원샷'이 원칙이었다. 처음엔 분위기상 마셨는데 나는 술이 약했기 때문에 어느 시점부터 점점 의식을 잃어갔다. 얼마나 시간이 흘렀을까. 정신이 들자, 고객의 차가운 시선과 함께 싸늘한 분위기가 감돌고 있었다.

　내가 술자리에서 저지른 실수는 수없이 많다. 일정 기간까지 반드시 주문을 더 받아야 하는 고객에게 접대를 했을 때였다. 2차에서는 게임에 지면 작은 잔으로 원샷을 하며 분위기를 달구었다. 새벽 서너 시쯤이 되자 나는 더 이상 버틸 수 없어 고객이 지면 주문을 더 해달라고 게임 규칙을 바꿨다. 물론 나는 지면 계속 원샷을 했다.

　즐거운 분위기가 아침까지 계속 이어졌고, 추가 주문도 어느 정도 받게 되었다. 고객을 택시에 태워 배웅하고 나도 집으로 걸어가려는데 갑자기 취기가 돌며 길바닥에 고꾸라졌다. 희미하게 의식은 있었지만 도무지 몸이 말을 듣지 않았다. 동행한 직원이 "도키 씨, 여긴 쓰레기장이니 일어나세요."하고 외치는 소리만 어렴풋이 들려왔다. 알고 보니 내가 음식점 쓰레기 더미 위에 쓰러졌던 것이다. 그래도 결국엔 주문을 따냈다는 생각에 기분만큼은 무척 행복했다.

제3장
3단계 최종 결정의 순간까지 확실하게 리드하라

제3장에서는 최종적으로 상대방을 설득하는 방법, 즉 결정을 내리게 만드는 방법을 소개한다. 고객이 결정을 내린다는 것은 영업의 최종 단계이자 그동안 쌓아온 신뢰와 전달해온 내용의 가치에 대한 평가다. 또한 고객이 구매한다는 의사결정을 내리지 않으면 아무리 이전 단계에서 노력했다 해도 실적은 올라가지 않는다. 이번 단계에서는 결정을 촉구할 수 있는 구체적인 방법과 함께 상대방이 거절을 말하기 전 미리 대처하는 방법을 설명한다.

영업맨에게 최종 심판은 고객의 구매 결정이다

훌륭한 영업맨이냐 아니냐는 결국 비즈니스를 성사시키느냐 못하느냐로 판단된다. 즉, 최종적으로 고객의 결정을 이끌어낼 때 어엿한 영업맨으로 평가받을 수 있다. 하지만 거래의 마지막 순간까지 긴장을 유지한 채 고객의 서명을 받아내기란 말처럼 쉽지 않다.

당신은 우연히 백화점에 들렀다가 나올 땐 양손에 쇼핑백을 들고 나온 경험이 있는가? 만약 이러한 경험이 있다면 훌륭한 클로저를 만났을 가능성이 높다.

여기서 잠시 '클로저(Closer)'의 의미를 설명하자면, 고객이 결정을 내리게 하는 행위를 영어로 '클로즈(Close)'라고 한다. 클로즈는 문을 닫는다는 의미 외에도 상담이나 계약을 체결한다는 의미도 있다. 영업의 세계에서는 고객의 결정을 유도하는 사람을 가리켜 클로저라고 부른다.

대부분의 사람은 매장에서 쇼핑을 할 때 점원이 말을 건네는 것을 부담스러워한다. '조용히 혼자 둘러보고 싶은데…….', '그냥 내버려 두었으면 좋겠는데…….'하고 생각한 적이 있을 것이다. 그런데 대개 점원들은 "입어보시겠어요?"처럼 예, 아니오로 대답할 수 있는 간단한 질문부터 "찾으시는 물건이 있으세요?"와 같은 질문으로 쇼핑에 개입해온다. 그러면 "아니에요. 괜찮아요."라고 말하며 가게에서 나가고 싶다는 느낌을 받는다.

고객이 상품을 사도록 결단을 내리게 하는 것, 즉 클로징에 능숙한 점원은 절대로 고객에게 먼저 말을 걸지 않는다. 고객이 자유롭게 상품을 보도록 내버려 두고, 그동안 고객의 동선을 면밀히 관찰한다. 그리고 마침내 고객이 구입하길 원하는 상품을 찾고 더 많은 정보를 원한다고 느껴지는 순간에 말을 건넨다. 그러면 고객은 원하는 정보를 적절한 타이밍에 얻어 기분이 좋아지고 신뢰가 생겨 상품을 구입하게 된다.

신뢰를 쌓는 방법은 사람마다 다르지만 목적은 단 하나, 고객에게 산다는 결정을 내리게 만들기 위함이다. 그 결과 고객은 쇼핑백을 들고 문을 나서게 된다.

분야는 달라도 영업 역시 고객의 마지막 결단을 촉구한다는 점에서 이 사례와 크게 다르지 않다. 클로징 여부에 따라 그동안의 노력이 보상될지가 결정되기 때문에 영업의 마지막 단계에서는 고도의 눈치와 기술이 요구된다.

내가 본 가장 이상적인 클로저

예전에 내가 '백곰'이라고 멋대로 별명을 붙인 선배가 있었다. 백곰처럼 흰 피부에 몸집이 크고 뚱뚱했는데 고객이 말을 할 때에도 "네에.", "흐음."이라고만 대답해서 곰처럼 멍해 보이기까지 했다. 정말 백곰처럼 느긋한 사람이었다.

어느 날 모 일류 기업의 사장과 약속이 잡혀서 나와 백곰 선배가 그를 찾아간 적이 있었다. 그날은 '클로징'을 하러 가는 날이었다.

그런데 사장과 대화가 시작되어도 백곰 선배는 좀처럼 계약의 'ㄱ'자도 꺼내지 않고 의미 없는 잡담만 늘어놓았다. 점점 애꿎은 시간만 흘러갔다. '이제 정말 시간이 없는데, 어쩌려고 저러지.'라는 생각과 함께 내가 더 초초해 지기 시작했을 무렵, 백곰 선배는 천천히 가방에서 계약서를 꺼냈다.

"그런데 사장님, 이건 어떻게 할까요?"

느닷없이 갑자기 정면승부를 건 것이었다. 옆에 앉아 있던 나는 깜짝 놀랐다.

"응? 뭐요?"

사장이 대답했다.

"저번에 설명드린 아주 좋은 상품 말입니다."

'어쩌면 저렇게 고(高) 자세로 클로징을 할까.'하고 생각했다. 고객의 기분이 상하진 않았을지 걱정이 되었다.

"아아, 어디? 여기에 사인하면 되죠?"

내 걱정이 무색하리만큼 사장은 서류에 아주 순순히 서명을 해주었다.

나는 눈이 휘둥그레졌다. 어떻게 이럴 수가 있을까. 그 당시에 나는 이 비즈니스가 성사된 건 우연일 것이라 생각했다.

하지만 결단코 클로징에 우연이란 없다. 고객 역시 곰곰이 생각한 끝에 내린 결정이었을 것이다. 회사로 돌아가는 길에 선배는 "이런 대기업 사장님들은 만나기가 쉽지 않아서 한 번 만났을 때 결판을 내야 해."라고 말한 걸 보면 그의 클로징 방식을 조금이나마 이해할 수 있었다.

백곰 선배의 클로징은 언뜻 보기에 막무가내로 밀어붙인 것 같지만 실은 그렇지가 않다. 다시 말하자면 클로징은커녕 판매하려고 하지도 않았으며 설득도 하지 않았다. 단지 "사인해 주시겠습니까?", "그래요."라는 대화만 있을 뿐이었다.

이는 클로징 시점에서 이미 백곰 선배와 고객인 사장 사이에 충분한 신뢰가 형성되어 있었다는 증거다. 사장은 설득을 당하지도 않았고 판매하려는 열성적인 태도에 감동받은 것도 아니었다. 단지 백곰 선배이기 때문에 서명을 해주었다.

이것이 내가 생각하는 가장 이상적인 클로징이다. 고객과의 사이에 강한 신뢰가 형성되어 '당신이기 때문에 비즈니스를 한다'는 말이 나오게 하는 것. 이것이 궁극의 클로징이며 이런 클로징이 가능한 영업맨이야말로 가장 바람직한 클로저다.

영업 방법과 클로징 노하우는 다양하지만 영업의 기본은 나와 고객 사이에 신뢰를 쌓은 다음 비즈니스를 성사시키는 것이다. 손쉽게 따내는 거래, 편하게 팔리는 상품은 없다. 사전에 고객에게 충분히 설명하여 납득을 시킨 후 나라는 사람의 인간성까지 보여줘야 비로소 궁극의 클로징, 이상적인 영업이 가능한 것이다.

축구에 스트라이커가 있다면 영업에는 클로저가 있다

영업맨은 최종 결정을 받아오는 클로저인지 아닌지로 평가된다. 그렇다면 비즈니스를 성사시키는 클로저와 그렇지 않은 사람의 차이는 무엇일까?

축구에서는 '골결정력'이라는 단어를 사용한다. 바로 득점을 만드는 능력을 말하는데 클로징도 이와 비슷한 점이 있다. 득점을 올리는 스트라이커는 마지막 순간까지 실수하지 않고 골을 넣어야 한다는 의식이 강하다. 하지만 득점 능력이 부족한 포워드는 이러한 의식이 덜하다. 클로저와 아닌 사람도 그와 마찬가지다.

덧붙여서 신뢰를 중시하는 나의 영업 철학으로는 '고객에게 마지막까지 최선을 다한다는 의식'이 적은 사람은 결코 좋은 클로저가 될 수 없다고 생각한다.

예전에 성격이 밝고 대화 분위기를 잘 이끄는 영업맨이 있었는데 어찌 된 일인지 그의 클로징 실력은 그저 그랬다. 보기에는 고객을 위한 영업을 했지만 속내는 고객에게 도움이 되고자 하는 의식이 적고 자신의 이익을 우선시하는지 그저 영업을 한다는 사실에만 만족해하는 듯 보였다. 그가 담당했던 고객 역시 "그에게 비즈니스를 하자고 말해도 감사한다는 말이 없어요."라는 말을 한 적이 있다. 영업맨은 기본적으로 고객이 기뻐하는 모습에 행복해야 하고 그 결과 비즈니스가 성사되면 즐거워해야 한다. 결과적으로 그는 고객을 위하려는 마음이 부족해서 좋은 클로저가 되지 못했다.

클로징은 결국 고객을 사랑하고 마지막까지 최선을 다하는지의 여부에 따라 성패가 갈린다. 상대방을 사랑하지 않으면 그 마음이 고객에게도 전해지기 때문에 깊은 신뢰를 구축할 수 없다. 여기서 사랑한다는 말은 '상대방을 얼마나 생각하는가.'라는 말로 표현할 수 있다. 클로저가 될 수 있는 사람은 이 비즈니스를 성사시키는 것이 내가 아닌 고객에게 이득이 된다고 진심으로 믿는다. 그렇기 때문에 고객을 위해 최선을 다하고 마지막까지 열심히 노력한다.

조직 내 의사결정 주체인 '키 맨'을 찾아라

서두가 꽤 길어졌는데 이제부터는 실제 클로징 상황에 대해 자세하게 살펴보자.

영업을 할 때는 시작 단계에서 미리 최종 의사결정권자가 누구인지를 파악해야 한다. 이는 고객과 신뢰를 구축하고 중요한 정보를 전달하며 최종적으로 결정을 내리게 하는 데 아주 중요한 포인트가 된다.

영업맨이 자칫 저지르기 쉬운 실수 중 하나는 자신이 만나고 있는 담당자를 상대 측 대표자로 간주하는 것이다. 가령 자신이 담당하는 고객에게서 얻은 정보를 '이 회사의 생각'으로 확대 해석해 상사에게 보고하는 영업맨이 있는데, 이는 부주의한 행동이다. 상사가 그걸 곧이곧대로 믿고 다시 상부에 보고할 문제를 초래할 수 있기 때문에 기본적으로 어떤 특정 담당자가 그 조직의 의사결정권자가 아니라는 점을 분명하게 인식할 필요가 있다.

'누가 안건의 최종 의사결정권자인가', '조직의 상부는 어떻게 생각하는가'를 파악하는 것이 영업맨과 매니저의 역할이다. 특히 매니저는 명절 인사나 접대 자리 등의 계기가 없이는 고객을 만나는 일이 드물기 때문에 담당 영업맨이 이를 사전에 파악하고 보고하는 일이 중요하다.

또 거래하고자 하는 회사의 인사 정보에도 관심이 필요하다. 거래 중에도 분명 조직의 인사이동이 있기 마련이다. 사전에 자신과 거래하는 담당자나 상부 조직의 인사이동 가능성을 파악하는 것도 상대방과 신뢰를 유지하고 장차 비즈니스를 성사시키는 데 중요한 자료가 된다.

고객과 신뢰가 형성되면 갑(甲)의 입장인 고객이 "다음엔 자료를 어디로 가져가세요."라고 귀띔해주기도 한다. 또 "어떤 부서의 부장을 아나요? 그를 미리 알아두는 게 좋을 거예요."라는 조언도 들을 수 있다.

내가 서른 살쯤 되었을 때 한 선배가 "고객이 다른 부서로 이동해도 계속 좋은 관계를 유지하는 게 중요해."라는 말을 해준 적이 있다. 인사이동 시에 "그동안 여러모로 신세가 많았습니다. 감사합니다."라는 말로 헤어지지만 말고 가끔 연락을 주고받으며 관계를 계속 이어가도록 노력해야 한다. 비즈니스 면에서 여러 가지 조언을 받거나 어쩌면 그 사람이 다시 이전 부서로 돌아올 수도 있기 때문이다.

우유부단한 사람도 결정하게 만드는 설득법

사람들과 패밀리 레스토랑에 갔을 때 주변에서 "빨리 골라!"라는 말로 재촉을 해도 좀처럼 무엇을 주문해야 할지 결정하지 못하는 사람이 있다. 사람들이 슬슬 짜증을 내려고 하기 전에 어떻게 하면 그 사람의 결정을 도울 수 있을까.

친한 친구라면 "어제 뭐 먹었어?", "너 고기 좋아하잖아.", "여긴 일본식 햄버거가 맛있어.", "뭐 하고 뭐 중에 고민하는 거니?", "둘 다 주문하면 어때?"라고 물어볼 수 있다. 더 나아가 "그럼 내가 정해줄게. 일본식 햄버거를 먹어."라고 말할 수도 있다. 이 예시처럼 결정을 잘 내리지 못하는, 즉 우유부단한 사람도 결정을 내리게 만드는 것이 영업맨의 역할이다.

젊은 시절, 상사와 선배들이 "영업은 마지막에 등을 미는 것이야."라는 말을 했다. 이는 영업의 철칙이다. 그러면 언제 어떻게 등을 밀어야 할까. 당시에는 어떻게 등을 밀어야 하는지 몰랐기 때문에 고객이 고민하고 있으면 "이 상품은 다른 상품에 비해 분명 더 나은 점이 있습니다."하고 말을 했는데, "지금 그게 없어서 고민하는 거잖아!"라는 호통을 들은 적도 있다.

고객 개개인은 모두 사고방식이나 가치관이 다르다. 동일한 상품을 권해도 구매를 결정하기까지의 사고 프로세스는 사람마다 다르게 작동한다. 영업맨은 서로 다른 고객이 어떤 방식으로 결정을 내리는지 파악하고 있어야 한다. 그래야 마지막에 등을 밀어서 결정을 내리게 할 수 있기 때문이다.

패밀리 레스토랑의 예시는 친한 친구 사이라는 설정 때문에 함께하는 시간이 많고 상대방이 무엇을 좋아하는지 알고 있다는 전제가 있었다. 하지만 몇 번 만나지 않은 고객에게는 이처럼 꼬치꼬치 캐묻지도 못하고 뻔뻔하게 이걸로 결정하라고 정해주지도 못한다.

패밀리 레스토랑의 예에서는 결정을 잘 못하는 사람으로 상대방을 설정했지만 고객이 결정을 잘하는 사람이라면 어떨까.

세상에는 어떤 사항을 단호하고 가차 없이 결정하는 사람들도 있다. 이전에 프라이빗 뱅크(Private Bank, PB)의 고객들을 방문할 기회가 있었는데 모두 오너 계열 상장기업의 사장들이었다. 과연 회사를 견실하게 키운 사람들답게 투자할지 말지를 과감하게 결정하는 사람들이었다. 담당 영업맨이 제안하는 내용에 대해서 "그건 하지 않습니다.", "하려는데 얼마면 되죠?"라는 말로 명확하게 의사 표현을 했다.

결정을 잘 하는 사람은 첫째, 자신 스스로가 결정을 위한 판단 기준을 명확하게 가지고 있다. 둘째, 그 판단 기준에 필요한 정보가 무엇인지를 알고 있으며 셋째, 자신이 감당할 수 있는 리스크의 한계가 어디까지인지, 반드시 감당할 수밖에 없는지도 파악하고 있다.

반대로 결정을 잘 못하는 사람들은 어떨까. 첫째, 애당초 판단 기준을 어디에 둘지 모른다. 둘째, 판단에 필요한 정보가 무엇인지도 모른다. 셋째, 판단 기준이 없기 때문에 리스크가 어떤 건지도 모르고 설령 리스크를 알아도 얼마나 감당할 수 있는지도 모른다.

패밀리 레스토랑의 예로 돌아가 생각해보면 메뉴를 결정함에 있어 판단 기준을 자신 스스로가 인지하지 못하고 있기 때문에 어제 먹은 음식이나 좋아하는 음식 등의 판단 기준을 제시해 결정을 유도했다. 그리고 어떤 정보가 필요할지 모르기 때문에 그 가게의 인기 메뉴인 일본식 햄버거를 권하기도 했다. 리스크 역시 명확하지 않기 때문에 돈을 두 배로 지불하더라도 메뉴를 다 주문하거나 혹은 결정을 못하겠으면 인기 메뉴를 먹으라고 등을 밀었다.

결정을 잘하는 고객이라면 영업맨은 그 사람의 판단 기준과 그에 필요한 자료, 감당할 수 있는 리스크의 정도를 미리 파악해 그에 따른 정보를 제공하고 결정을 내리게 해야 한다.

반면 고객이 결정을 잘 내리지 못한다면 판단 기준을 제안하고 그 기준을 납득했는지를 파악하면서 고객의 마음을 움직여야 한다. 동시에 그 판단 기준에서는 어떤 정보가 더 필요한지, 감당할 수 없는 리스크가 무엇인지를 이해해서 최종적인 결정을 이끌어야 한다.

산다, 안 산다, 생각 좀 해보겠다

고객은 의사결정을 통해 결국 어떤 선택을 할까? 결론적으로 고객의 결정은 '산다', '안 산다', '생각 좀 해보겠다' 이 세 가지 선택밖에 없다. 내가 몸담았던 금융 세계에서는 산다(주식을 매수한다)와 판다(주식을 매도한다)는 선택이 전부였지만, 일반적인 영업 현장에서

들을 수 있는 대답은 이 세 가지다. 문제는 영업맨이 이를 얼마나 의식한 채로 고객에게 정보를 전달하는가다.

고객이 결정을 내린다는 개념을 뒤집으면, 영업맨이 고객을 '결정 내리게 만든다'고 표현할 수 있다. '다양한 정보를 제공해 고객의 결단을 촉구한다'는 것이 팔고자 하는 측에서 본 영업 활동이다.

영업맨이 고객을 '결정 내리게' 만들려면 위에서 말한 고객의 세 가지 선택에 귀결되도록 정보를 제공해야 한다. 그리고 영업맨은 고객과 어느 정도 신뢰가 구축되면 늘 이 세 가지 선택을 의식하며 정보를 전달할 필요가 있다.

막연한 정보는 고객의 결정에 도움이 되지 않을뿐더러 오히려 결단을 방해할 수 있다. 고객이 쉽게 판단 내리지 못하는 건 전달받은 정보가 결정을 하기에 불충분하거나 혹은 지나치게 많아서 무엇이 중요한지를 제대로 파악하지 못하거나 둘 중 하나다.

고객의 산다는 결정은 무척 기쁜 일이지만 영업맨이라면 당연히 안 산다는 결정과 마주할 때도 있다. 하지만 충분히 정보를 전달했음에도 고객이 사지 않겠다는 판단을 내렸다면 그 결정을 존중해야 한다. 포기하라는 게 아니라 다음을 기약하며 잠시 퇴보해야 한다는 것이다.

생각 좀 해보겠다는 선택을 했다면 언제 다시 고객이 판단을 내릴지 확인해둔다. 그리고 어떤 정보를 제공해야 판단에 도움이 될지도 알아두도록 한다. 물론 생각 좀 해보겠다는 말은 정중한 거절의 의미일 수도 있기 때문에 그 당시의 대화 분위기를 잘 파악할 줄도 알아야 한다.

결정을 촉구하는 상대적 가치 비교법

산다, 안 산다, 생각 좀 해보겠다는 선택을 유도하기 위해 고객에게 제공해야 할 정보는 무엇일까. 일반적으로 우리는 무엇을 판단할 때 순수하게 그 자체만 가지고 생각하는 일은 드물다. 대개 다른 어떤 것과의 비교를 통해 상대적인 가치를 판단한다.

그렇다면 무엇과 비교할 수 있을까. 우선 첫 번째로 '과거 비교', 즉 자신이 과거에 경험했던 기억과 비교하는 방법이 있다. 두 번째로는 '횡적 비교', 즉 판단하고자 하는 것과 현재 비슷한 위치에 있는 것들을 비교하는 일, 쉽게 말해 다른 식당이나 동일한 수준의 제품과 비교하는 방법이 있다.

라면을 예로 생각해보자. "이 라면 맛있어."라고 말할 때 과거 자신이 먹은 라면과 비교해 맛있다고 판단했다면 과거 비교에 해당한다. 경험으로 얻은 기억을 비교 대상으로 삼은 것이다.

"이 라면 맛있어."라는 말이 '그 가게보다 더 맛있다'는 의미라면 이는 횡적 비교다. 다른 매장, 다른 회사, 유사한 서비스, 동일한 기능의 제품 등 수평적인 비교 대상을 활용하는 방법이다. 고객이 과거 비교나 횡적 비교에 의해 팔고자 하는 상품을 '좋다'고 인식하게 되면 이는 산다는 결정으로 이어질 확률이 높아진다.

사실 모든 사람들은 항상 무의식중에 과거 비교나 횡적 비교를 하고 있다. 예를 들어 과거에 맛있는 식사를 했던 레스토랑에 다시 가는 것은 과거 비교고, 휴대폰을 살 때 여러 매장을 돌며 가격이나 할인 여부, 계약 조건을 비교하는 것은 횡적 비교다. 관람할 영화를 고르기 전 인터넷에 올라온 감상평을 비교하는 것 역시 횡적 비교라 할 수 있다.

이렇듯 사람들은 무언가를 결정할 때 과거 비교와 횡적 비교를 통해 그 상품이나 서비스의 가치를 확인한다. 즉, 고객에게 결정을 촉구하기 위해서는 과거 비교나 횡적 비교로 이어질 정보를 제공하는 것이 효과적이다.

자파넷 다카타의 광고 멘트는 비교 방법을 단적으로 보여주는 좋은 예다. 자파넷 다카타의 홈쇼핑 방송에서는 종종 '이미 몇 만 명이나 되는 고객분들이 구입해서 이용하고 계십니다'는 말이 등장한다. 이미 많은 사람들이 쓰고 있다는 점을 강조함과 동시에 우리 제품이 다수의 지지를 받고 있다는 횡적 비교 멘트다.

다른 홈쇼핑 방송에서는 흔히 '고기능 상품이지만 가격은 불과 얼마로 무척 저렴합니다.'라는 말로 상품이 저가임을 강조하지만, 자파넷 다카타는 '저희는 오래된 기종을 매입하는 조건으로 만 엔을 더 할인해 드립니다.', '오늘만 몇 엔짜리 상품을 덤으로 드립니다.'라는 말을 덧붙여 광고한다. 이는 타사와 비교해 우리 제품이 이만큼 싸다는 횡적 비교와 함께 기존에는 없던 덤을 붙여준다는 과거 비교에 해당한다.

요컨대 자파넷 다카타가 시청자들에게 전달하는 메시지는 모두 비교의 방법을 사용한 것으로 방송을 보는 사람들이 쉽게 판단을 내릴 수 있도록 돕는다.

물론 이러한 광고로 모든 사람들이 당장 산다는 선택을 하진 않는다. 오래된 물건이 없어서 가격 할인 혜택을 받지 못하거나 덤으로 주는 상품에 매력을 느끼지 못한다면 '안 산다'는 선택을 할 수도 있다. 또 가격과 덤을 메모해 두었다가 나중에 다른 매장에 가서 비교해본 후 판단하는 '생각 좀 더 해보겠다'를 선택할 수도 있다. 어쨌든 자파넷 다카타는 비교법을 활용해 산다, 안 산다, 생각 좀 더 해보겠다는 고객의 세 가지 선택지 중 무조건 하나로 이어질 메시지를 전달한다. 이 때문에 시청자들은 구매 판단을 내리기 수월하다.

여담이지만 자파넷 다카타의 다카타 사장은 늘 대본 없이 홈쇼핑 방송에 출연한다고 한다. 상품에 대한 비교 방법을 완전히 숙지하고 있기 때문에 가능한 일일 것이다. 그와 마찬가지로 자파넷 다카타의 광고 멘트에는 아주 치밀하게 고안된 메시지와 전략이 숨어 있으며 이것이 회사를 급성장하게 만드는 원동력임에 틀림없다.

고객의 거절을 미리 거절하는 기술

나는 영업맨들에게 고객과의 이야기가 막바지로 접어드는 단계라면 '고객이 사지 않을만한 이유를 모두 리스트 업 하라'고 지시했었다.

이는 비즈니스에 있어서 아주 중요한 자세다. 고객과의 신뢰가 5단계까지 도달했다면 사는 이유와 사지 않는 이유, 비즈니스를 성사할 수 없는 상황이나 조건을 미리 파악할 수 있다. 하지만 신뢰가 그만큼 쌓이지 않았다면 이를 사전에 알 수 없기 때문에, 그 이유를 짐작해 리스트 업 해둬야 한다.

이런 작업이 왜 필요할까? 비즈니스가 막바지에 접어들면 담당 영업맨들은 한껏 마음이 들뜬다. 불철주야 고객을 위해 뛰어다니며 노력했기 때문에 비즈니스가 성사될 것이라는 기대감이 고조되고 심지어는 멋대로 성사의 확률을 높게 평가하기도 한다.

하지만 그럴수록 커다란 함정이 도사리고 있음을 주의하고 경계해야 한다. 다 된 밥이라 생각했는데 고객이 갑자기 이번엔 거래하지 않겠다고 말하면 지금까지의 노력이 전부 사라지기 때문이다. 기대감에 눈이 멀어 마지막 결정을 유도하지 못하는 실수를 저지른 결과다.

그런 사태를 미연에 방지하려면 고객이 제시할만한 거절의 이유들을 예상해 대처하는 방법을 생각해 두는 것이 좋다. 대개 혼자서는 거절의 이유를 다각도로 상상하지 못할 수 있기 때문에 팀원들과 함께 생각하는 것을 추천한다. 그러면 생각지도 못한 이유를 발견할 수 있고, 이를 어떻게 해결하고 개선할 것인지까지도 함께 고민할 수 있다. 다른 팀원들 역시 거절의 이유를 미리 생각하는 것이 얼마나 중요한 일인지를 깨닫고 끝까지 긴장을 늦추지 않고 영업을 해야 한다는 의식도 공유할 수 있다.

리스트 업 한 거절의 이유는 '어떤 고객님은 이런 점을 우려하시지만 이렇게 하면 아무 문제가 없습니다.'라는 식으로 고객과의 대화에서 자연스럽게 언급하며 해결책까지 제시할 수 있다. 리스트 업 한 거절의 이유 중 중대한 사안이라 여겨지는 문제는 영업맨이 직접 '이 문제에 대해서는 어떻게 생각하십니까?'라고 물어봐야 한다. 우리 쪽에서 크게 우려되는 사안이라 생각해도 고객이 괜찮다며 개의치 않아 할 수도 있고, '아, 실은 저도 그게 걸립니다.'라고 대답하면 고객이 생각하는 걸림돌을 확인할 수 있기 때문이다. 고객이 우려를 느끼는 사항을 하나하나 정리해서 거절의 이유를 줄이고 큰 문제점이라 생각하는 사안은 그것을 해결하는 데 전력을 다해 비즈니스 성사의 가능성을 높여야 한다.

고객의 거절 이유 중에는 타사의 제안이 더 매력적이라는 점도 있다. 만약 고객과 신뢰를 충분히 쌓았다면 타사에서 어떤 제안을 했는지, 우리 쪽의 제안과 비교해 어떤 점이 더 우위였는지를 고객에게 직접 들을 수 있다. 사전에 타사 상품의 특성까지 미리 파악해 두면 자사와 타사의 상품 차이를 전달해 고객의 이런 반응에도 대처할 수 있다. 드물게는 타사와 자사의 상품 특성이 다르다는 점을 깨닫고 양쪽 물건을 모두 구매한 고객도 있었다.

이처럼 고객과의 교섭이 최종 단계에 접어들면 거절의 이유를 하나씩 세세하게 파악해 해결해야 한다. 나는 이 작업이 고객을 결정 내리게 만드는 데 반드시 필요한 작업이라고 생각하는데, 의외로 이 과정을 하지 않는 영업맨이 많은 것 같다.

고객이 거절하는 이유, 즉 우려하는 사항을 미리 생각해야 하는 까닭은 고객의 결정을 망설이게 만드는 가장 큰 장애물이 무엇인지를 판단하기 위해서다. 이를 알아야만 그 문제에 적극적으로 대처할 수 있다. 고객과 대화하면서 우려하는 사항을 하나씩 해결해 나가다 보면 점점 분위기가 긍정적으로 조성되어 비즈니스가 성사될 것 같은 느낌을 받을 수 있다.

담당자가 최종 결정을 내릴 수 있다면 바로 계약을 체결하면 되지만 최종 판단 주체가 임원진이나 사장인 경우도 많다. 이럴 경우에도 미리 '임원 분들이 만족해하실까요?', '사장님이나 이사장님은 어떻게 생각하십니까?'라는 질문으로 그들이 생각하는 우려 사항을 미리 짚어둬야 한다. 만약 의사결정 주체의 결재가 불분명한 상황이라면 그들을 공략할 정보를 수집하는 데 전력을 다해야 한다. 대화가 이 정도 진행되었다면 고객은 거의 비즈니스를 성사시킬 마음을 먹고 있기 때문에 우리 쪽과 합심하여 내부의 최종 결정을 도와줄 것이다.

아무튼 영업맨은 끝까지 긴장의 끈을 놓지 말고 고객이 우려하는 사항을 제거하기 위한 준비해야 한다. 마지막 단계야말로 영업맨의 능력이 진가를 발휘하는 순간이다.

영업맨에게 가장 큰 무기는 대화력이다

지금까지 영업맨이 갖춰야 할 마인드와 해야 할 일에 대해 설명했다. 그러나 누가 뭐래도 영업맨의 가장 큰 무기는 '대화력'이다. 고객과 대화하면서 고객이 원하는 것을 파악하고 그것에 맞는 정보를 제공하며 계약을 이끌어내야 하기 때문이다. 영업맨은 이 일련의 작업을 오로지 대화력으로 끌고 나가야 한다.

물론 대화력이 좋아야 한다고 해서 말하는 걸 좋아하거나 이야기를 유머러스하게 할 줄 알아야 한다는 것은 아니다. 대화 속에서 고객이 원하는 것을 재빨리 간파해 적절하게 대응하는 순발력이나 포인트를 정확하게 짚어서 이해하기 쉽고 간결하게 전달하는 표현력 등 영업맨에게 요구되는 대화력은 철저하게 고객 중심이다.

나는 본래 다른 사람들과 이야기하는 걸 어려워했기 때문에 효과적으로 대화할 수 있는 방법을 필사적으로 고안해냈다. 그렇게 만든 '1분 대화법'은 나에게 큰 무기가 되었다. 1분 동안 정보를 간결하게 요약하고 정확하게 전달하는 훈련은 순발력을 향상시킴과 동시에 어려운 내용을 쉽게 풀어 설명하는 표현력도 기를 수 있다.

특히 고객의 결정을 유도하기 위한 정보 전달 단계에서는 1분 대화법 훈련이 유용했다. 가령 내가 준비해 간 제안이 퇴짜를 맞으면 머릿속에서 곧바로 대응 방법을 생각해 이야기를 이어갈 수 있었다. 덕분에 고객과 대화할 때에는 항상 두뇌가 풀가동 상태였고 대화가 끝나면 피로가 한꺼번에 몰려왔다.

접대 자리에서는 회의나 미팅보다 다소 가벼운 이야기가 오가기 때문에 긴장을 조금 풀어도 좋지만, 접대 역시 영업맨에게는 상대방을 즐겁게 만들어야 하는 업무의 일환이기 때문에 대화에 집중해야 한다. 접대 자리에선 술이 빠지지 않으므로 나는 늘 접대가 끝나면 사고가 정지되어 아무런 생각을 할 수 없는 상태가 되었다. 그만큼 어느 자리를 막론하고 고객과의 대화가 중요하다는 의미다.

비즈니스 성사의 마지막 단계인 클로징에서는 '1분 대화법'보다 '10초 대화법'이 더 효과적이다. 자세한 내용은 Part2에서 다루겠지만, 1분 대화법과 10초 대화법을 적절하게 섞어 사용한다면 영업 현장에서 큰 힘을 얻을 수 있다.

당연히 이러한 대화력은 금방 얻을 수 없다. 철저한 훈련과 실천을 통해 경험을 쌓고 시행착오를 되풀이해야 한다. Part2에서는 1분 대화법과 10초 대화법에 대한 소개와 함께 이를 익힐 수 있는 트레이닝 방법까지 제시한다. 한정된 고객과의 대화 시간 동안 어떻게 하면 정보를 알기 쉽게 전달하고, 머릿속에 어떤 정보를 가지고 있어야 할지에 대해 알아보도록 하자.

에피소드 3

고객이 계약하고 싶은
영업맨이 되려면

주식 파생금융상품 영업을 시작한 지 3, 4년 정도 되었을 무렵에 초대형 비즈니스를 다룬 경험이 있다. 아직 영업의 'ㅇ'자도 몰랐지만 나름대로 고객에게 최선을 다했고 깊은 신뢰도 쌓았기 때문에 기쁨도 남달랐다.

그런데 계약을 하기 수일 전 거래의 절반을 경쟁사에 빼앗겼다. 나와 만났던 담당자는 갑작스러운 임원의 지시에 불만스러운 모습으로 나타나 "죄송합니다."라며 사과했다. 나머지 절반이라도 상당한 금액의 비즈니스였기 때문에 개의치 않았지만, 윗선의 한 마디에 다 된 비즈니스가 뒤집어질 수 있다는 사실을 알게 되었다.

여기에는 사실 후일담이 있다. 내 거래를 가져간 경쟁사의 T라는 영업 부장의 이름은 여러 고객으로부터 들어서 익히 알고 있었다. 과거엔 인사를 나눌 기회도 있었고, 동갑이기도 해서 함께 의기투합해 접대를 하고 어울리기도 했다.

어느 날 T 부장은 "아 참, 그쪽 회사에서 계약 직전에 우리한테 절반을 뺏긴 멍청한 영업맨이 있었지?"라며 말을 꺼냈다. 그 말을 들은 순간 직감적으로 나인 줄 알아차리고 "사실 나였습니다."하고 대답하자 "흠, 그게 도키 씨였어?"라며 함께 한바탕 웃었다.

T 부장의 말로는 계약이 결정되기 일주일 전에 거래를 맺기로 한 회사 임원에게 골프 접대를 했다고 한다. 그런데 임원이 점심시간 전에 들른 골프용품 가게에서 "이 골프 가방 좋은데?"라는 말을 했고, T 부장은 당장 부하 직원을 시켜 그 골프 가방을 샀다고 한다. 그리고 그 임원의 자동차 트렁크에 가방을 실었다. 역시 계약 직전에 거래를 빼앗긴 데에는 그만한 사정이 있었다며 납득함과 동시에 새삼 영업은 심오한 것이라고 감탄하였다.

그리고 나는 T 부장에게 신뢰의 5단계를 설명했더니 그는 거기에 덧붙여 '6단계'도 있다는 말을 했다. 그의 말에 의하면, 6단계란 고객에게 이 영업맨과 반드시 비즈니스를 하고 싶다는 생각이 들게 만드는 것이었다.

그의 말대로 고객이 담당 영업맨과 비즈니스를 하고 싶다는 생각이 들 만큼 신뢰를 쌓는 것이 가장 이상적이다. 이는 일본에 거품 경제의 여운이 남아있었던 무렵의 이야기다. 지금은 이러한 접대만으로 비즈니스를 성사시키기가 어렵지만, 그리운 시절에는 이렇게 고객을 결정하게 만드는 방법도 있었다.

최고의 성과를 창출하는
절대적 대화법

제4장

1분 대화법과
10초 대화법의 위력

Part1에서는 상대방을 설득하기 위한 3단계 방법을 소개했다. 상대방과 신뢰를 쌓고, 설득하고자 하는 이야기의 포인트를 전달하며, 마지막 순간에 최종 결정을 유도하는 모든 과정은 '대화'로 이루어지는데, 매 과정에서 어떤 이야기를 하고 어떻게 응수하는지가 설득의 성패를 결정한다. 제4장에서는 상대방을 설득해야 하는 모든 상황에서 승리할 수 있는 '절대 대화법'과 함께 사례별 구체적인 활용 방법까지 알아본다.

1분 안에 사로잡아 10초 만에 결정하게 하라

　모든 대화는 전달에서부터 시작한다. 테니스나 탁구에서 상대방과 공을 치며 주고받는 것을 '랠리'라고 부르는데, 당연히 어느 한쪽이 공을 쳐야 랠리가 시작된다. 이때 갑자기 엉뚱한 곳으로 강하게 공을 치는 사람은 없다. 랠리를 이어가려면 상대방이 받아치기 쉬운 방향으로 공을 쳐야 한다.

　대화의 캐치볼도 상대방에게 전달되기 쉬운 편한 화제부터 시작해야 한다. 처음에는 날씨나 스포츠 등 분위기를 부드럽게 만드는 화제로 대화의 캐치볼을 주고받는다. 그리고 몸이 조금 풀렸다 싶을 때 본론으로 들어간다.

　하지만 장황한 이야기는 상대방에게 잘 전달되지 않고, 공이 두둥실 떠버려 자칫 대화의 캐치볼이 끊길 수 있다. 따라서 본론인 공을 상대방에게 전달할 때는 정확한 방향으로 간결하게 요점만 전달해야 한다.

이를 가능하게 하는 것이 이번 장에서 소개하고자 하는 '1분 대화법'이다. 상대방이 이야기에 집중하는 시간은 최대 1분으로, 이보다 더 길어지면 지루함을 느낀다. 따라서 영업맨은 날마다 1분 대화법을 연습해야 한다.

1분간 정확하게 정보를 전달했다 해도 이는 대화의 시작에 불과하다. 테니스나 탁구로 치면 제1구를 친 것에 지나지 않는다.

상대방에게 정보가 전달되어 비로소 어떠한 반응이 나타나고, 다시 거기에 반응을 보이기 위해서도 다시 1분 대화법을 사용한다. 중요한 것은 제1구의 1분 대화법과 상대방의 반응에 다시 대응하는 1분 대화법 모두 상대방의 생각을 알기 위한 것이라는 점이다. 랠리를 하면서 상대방의 공이 어디에서 날아올 것인지 방향을 파악하는 까닭은 결정적 순간에 대비하기 위해서다. 영업맨도 결정적 순간인 클로징에 대비해 자신이 한 말에 상대방이 어떻게 생각하고 반응하는지 파악해야 한다.

하지만 결정적 순간, 즉 클로징 상황에서의 1분은 너무 길다. 상대방이 나의 이야기를 다시 들어줄 여유도 없고 더 오래 생각할 시간도 없다. 그렇다면 바로 그때 짧은 한마디로 등을 밀어야 한다. 즉, '10초 대화법'을 활용해 승부를 내야 한다.

10초 대화법은 비즈니스의 마지막 단계에서 상대방이 결정을 내릴 수 있도록 띄우는 마지막 승부수로, 장기로 말하자면 한 수씩

외통수를 만들어 상대방에게 최종 판단을 촉구하는 것이다.

대화의 중요성을 일깨워 준 고객과의 만남

　고객과 신뢰를 쌓거나 고객에게 도움이 되는 정보를 전달하는 데 기본이 되는 수단이 바로 대화다. 고객과의 대화를 통해 고객의 상황을 파악하고 원하는 것을 추측하며 필요한 정보를 탐색해 그에 맞는 상품이나 플랜을 제안할 수 있다.

　또한 대화는 고객의 마음을 누그러지게 하거나 기대를 높이기도 하고 때로는 지나친 기대를 잠재우기도 하며 실수를 인정하고 사과를 하는 데에도 중요한 수단이다. 아무튼 영업맨에게 있어 대화란 '고객과의 접점'이기 때문에, 대화를 잘하는 능력은 반드시 필요한 기술이다.

　프롤로그에서도 언급했듯이 나는 처음 만난 사람과 이야기를 잘 못하다 보니 영업맨에게 가장 중요한 기술인 대화력을 갖추지 못했었다. 젊은 시절의 내 모습을 떠올리면 내가 생각해도 얼마나 한심한 영업맨이었는지 부끄럽기 짝이 없다. 당신이 상사라면 나 같은 영업맨은 일찌감치 실격이라는 낙인을 찍었을 것이다. 당연한 일이다. 나도 나 같은 부하 직원이 있다면 골머리를 앓았을 것이다. 하지만 그런 나를 변화시켜주는 하나의 계기가 있었다. 그것은 바로 어떤 고객과의 만남이었다.

나는 선물 영업부서에서 전화로 고객의 주문을 받는 일을 했다. 그러던 어느 날, 한 고객과 통화를 하면서 내가 잠시 우왕좌왕하느라 고객의 주문을 제대로 처리하지 못한 일이 있었다. 그 고객은 통화 도중 "어떻게든 처리해!"라는 고함과 함께 전화를 뚝 끊었다. 상사에게 자초지종을 털어놓고 주식시장이 종료되는 오후 3시에 맞춰 그 고객을 찾아가 사과의 마음을 전했다. 그럼에도 그 고객은 노여움을 넘어 어이없다는 표정으로 나의 상사에게 "도키 씨는 영업을 잘 모르네요."라는 따끔한 한마디를 던졌다.

실제로 영업을 잘 몰랐던 나는 "예, 더 열심히 하겠습니다."라는 말밖에 할 수 없었다. 그 고객은 업계에서도 까다롭기로 유명한 분이었는데, 그분을 응대하며 대화력을 꽤 많이 향상시킬 수 있었다. 지금의 나를 만든 건 그분 덕택이라 해도 과언이 아닐 정도다. 어쨌든 나는 그분을 만족시키기 위해 대화력을 갈고닦기 시작했다.

10초 안에 첫마디로 차별화하라

앞서 말한 그 고객은 유명한 펀드매니저였다. 주식 파생금융상품 영업을 하던 나의 하루 일과는 매일 아침 그와 같은 고객들에게 전화를 돌리는 일부터 시작했다. 물론 그 펀드매니저에게 가장 먼저 전화를 걸었지만 좀처럼 통화를 할 수 없었다.

그는 빡빡한 스케줄로 인해 오전 8시부터 회의를 시작하는 8시 20분 사이에만 전화를 받았다. 그 전이나 후에는 전화를 걸어도 도통 통화할 수 없었다. 유일하게 전화를 받는 20분 동안에는 타사의 영업맨들도 경쟁적으로 전화를 했기 때문에 대개 통화 중이었다.

물론 운이 좋게 가끔은 통화가 연결되기도 했다. 그렇다고 안심할 순 없었다. 너무 바쁜 까닭에 내가 말하는 정보가 유익하지 않다고 판단하면 10초도 지나지 않아 갑자기 전화를 끊어버렸기 때문이다. "됐어."나 "다음에 통화하지."라는 말도 없었다. 갑자기 철컥, 그리고 뚜뚜 하는 신호음만 들릴 뿐이었다.

중요한 거래처로부터 갑자기 전화가 끊긴 경험을 한 영업맨들이 얼마나 있을까. 도리어 좋아하는 여성에게 고백했는데 "그냥 좋은 친구로 지내요."라는 대답을 듣는 편이 덜 상처받을 것이다. 갑자기 전화가 끊기면 그 충격은 이루 말할 수 없이 크다.

나처럼 갑자기 전화가 끊기는 경험을 하지 않으려면 '처음 10초'가 중요하다는 점을 기억해야 한다. 처음 10초 동안 상대방의 흥미를 얼마나 끄는지에 따라 전화가 끊길지, 대화를 계속 이어갈 수 있을지가 결정된다.

대개 금융계에 종사하는 영업맨들은 이른 아침 거래처와의 통화에서 전날 미국 시장 이야기를 주요 소재로 다룬다. "어제저녁 미국 주식시장은 어떤 요인으로 인해 상승했습니다."와 같은 식상한

멘트로는 하루에 수십 명과 이야기하는 유명 펀드매니저의 흥미를 끌지 못한다. 그래서 나는 10초 동안 세 가지 포인트를 전달하는 트레이닝을 하게 되었다.

그렇게 트레이닝을 했더니 다른 고객과 대화할 때에도 많은 도움이 되었다. 내가 담당했던 주식 파생금융상품의 세계는 시세 변동이 빨라서 1분 1초가 많은 것을 좌우한다. 과장이 아니라, 판단과 행동을 불과 한순간만 망설이면 단숨에 시장이 변하는 그런 세계다.

당연히 고객은 조금이라도 더 빨리 정보를 얻고 싶어 할 것이다. 그런 고객에게 10초 동안 세 가지 포인트를 전달할 수 있으면 고객에게도 도움이 되고 결과적으로 나에게도 이득이 돌아온다. 그 사실을 깨닫고 난 뒤부터는 10초 대화법 연마에 힘을 쏟았다.

영업은 이야기하거나 물건을 판매하는 일이 아니라 정보를 '전달'하는 행위다. 이는 내가 카리스마 펀드매니저 고객과의 만남에서 배운 중요한 사실이다. 상대방에게 얼마나 유익한 정보를 전달하는가, 얼마나 적절한 타이밍에 전달하는가, 이것이야말로 영업맨이 가장 신경 써야 하는 일로 영업의 결과는 여기서 판가름 난다.

갑자기 전화가 끊기는 일을 수차례 겪고 나니, 잠시라도 내 이야기에 귀 기울여주길 바라는 마음으로 상대방에게 도움이 될 만한 일을 매일같이 생각하고, 노력을 거듭했다. 그러면서 나는 한 발자국씩 어엿한 영업맨으로 성장할 수 있었다.

1분 동안 전달해야 할 세 가지 포인트

    자신에게 유익한 정보가 아니면 철컥하고 수화기를 내려놓는 고객을 상대로 영업을 하면서, 나는 어떻게든 고객의 관심을 끌고 흥미를 유발하고 싶다는 생각에 10초 대화법을 만들었다.

    10초 동안 세 가지 포인트를 전달하는 게 어려운 일이라 생각하는 사람도 있을 것이다. 하지만 실제로 해보면 10초는 의외로 길고 유용한 시간이다. 이케가미 아키라 씨가 자신의 저서에서 텔레비전 교양 프로그램을 진행하다가 스태프에게 '10초만 시간을 더 끌어달라'는 요구를 받았을 때 '10초면 지금까지 방송한 내용의 포인트를 정리해 전달할 수 있는 긴 시간이다.'라고 서술했듯이, 10초면 포인트 세 가지 정도는 충분히 이야기할 수 있다.

    영업을 시작한 지 이틀째 되는 날, 나는 고객으로부터 영업맨이 고객과 대화할 때 반드시 말해야 할 세 가지를 배웠다.

● 포인트1
지금 무슨 일이 일어나고 있는가.

● 포인트2
왜 그 일이 일어나는가.

● 포인트3

그렇다면 어떻게 하면 되는가.

이 세 가지를 '간결하게 전달하라'는 가르침이었다. 투자자가 의사결정을 하는 데 필요한 요소는 언제나 이 세 가지 포인트에 집약되어 있다. 이 말은 내가 20년 넘게 영업을 하면서 고객에게 전달했던 내용들의 축이 되었다.

하지만 영업 초보자가 갑자기 10초 대화법을 구사하기란 어려운 일이다. 오랜 시간 훈련을 거쳐야만 가능한 일이기 때문이다. 또한 10초 대화법은 아주 짧은 시간 안에 상대방의 주의를 끌어야 하는 전화나 클로징 순간으로 사용할 수 있는 상황이 제한적이다. 그래서 나는 시간을 조금 늘려 1분 동안 세 가지 포인트를 전달하면 어떨지 생각해 보았다. 결론부터 말하자면, 1분 동안 세 가지 포인트를 전달하는 '1분 대화법'은 생각보다 더 다양한 상황에서 유용하게 사용할 수 있었다.

예를 들어 프레젠테이션에서 1분 대화법을 사용하면 상대방에게 꽤 효과적으로 중요한 점을 전달할 수 있다. 또 일상의 평범한 대화에서도 상대방을 내 페이스로 끌어들이거나 정보를 정확하게 전달할 수 있는 등 다양한 상황에서 도움이 된다.

훈련을 거듭하자 나에게도 극적인 변화가 찾아왔다. 그토록 낯가림이 심했는데 1분 대화법과 10초 대화법 트레이닝을 하자 내 스스로가 '상대방이 반드시 알아줬으면 하는 포인트'를 생각하면서 말하게 되었다. 더 놀라운 건 사람들과 즐겁고 원활하게 이야기할 수 있게 됨과 동시에 사람들이 내 말을 쉽게 이해할 수 있다고 말하게 되었다는 점이다. 인사치례로 한 말도 있겠지만 서서히 그렇게 말하는 사람들이 늘어났다. 이를 훈련한 까닭에 정신적으로도 사람들을 만나는 데 여유를 가질 수 있었다. 그리고 이는 나에게 절대적이고 새로운 힘을 주었다. 그 때문에 나는 1분 대화법과 10초 대화법을 합쳐 '절대 대화법'이라 이름 붙였다.

특히 1분 대화법은 대화의 수준을 향상시키는 것 말고도 자신의 머릿속을 정리하는 데에도 도움을 준다. 홉 스텝 앤드 점프(Hop step and jump, 3단뛰기)처럼 세 가지 포인트를 이어가는 연습을 반복하는 동안에 다른 분야의 정보를 끌어와 이야기에 연결하거나, 엉뚱한 비약 속에서 의외의 연관성을 찾는 능력도 향상시킬 수 있었다.

결과적으로 절대 대화법을 연습하면 상대방에게 전달하려는 내용을 명확하게 할 수 있고, 머릿속에서 정보를 정리하고 상대방이 의사결정을 내리기까지의 과정을 엿볼 수 있다. 요컨대 '더 깊이 생각해서 영업하는 자세'를 몸에 배게 할 수 있다.

대화로 상대방의 관점을 파악하라

앞에서 언급했듯이 사실 많은 비즈니스맨들에게 10초 대화법보다 1분 대화법이 여러 목적으로 사용하기에 더욱 쉬울 것이다. 1분이면 꽤 많은 정보를 전달할 수 있고 고객에게 상품을 설명하거나 공식적인 프레젠테이션 등 다양한 상황에서 활용할 수 있기 때문이다.

상대방과의 대화가 본론에 접어들면 이제 전달하고자 하는 이야기의 포인트를 간결하게 전달해야 하는데, 이때 1분 대화법이 그 위력을 발휘한다. 상대방으로부터 "그래서 지금 전달하고 있는 말이 무슨 뜻입니까?" 혹은 "대화의 요령이 부족하시네요."라는 말을 들은 적이 있는 사람이라면 대부분 포인트를 정리하지 않고 중언부언했거나 길고 지루하게 말했을 것이다. 하지만 1분 대화법을 활용하면 대화의 세 가지 논점을 정리할 수 있기 때문에 상대방이 이해하기 쉽게 전달할 수 있다.

그렇다고 해서 단지 세 가지 포인트를 전달하는 것에만 신경 써서는 안 된다. 1분 대화법에는 중요한 두 가지 목적이 있다. 그리고 1분 대화법을 사용해 대화를 전개해 나갈 때는 이 목적들을 반드시 의식해야 한다.

첫 번째 목적은 '발신하기'다.

즉, 제공하는 상품이나 서비스에 관한 정보 혹은 고객이 필요로

하는 정보를 전달하기 위한 목적으로 간결함과 상대방의 이해도가 중요하다. 1분 대화법을 연습하면 분명히 대화력이 향상된다. 전달하고 싶은 내용을 간결하고 이해하기 쉽게만 전달해도 대화는 훨씬 원활해진다.

두 번째 목적은 '추측하기'다.
Part1에서 대화는 정보를 전달함과 동시에 상대방의 사고방식이나 결정 방식을 유추하는 힌트라 했다. 그런 의미에서 1분 대화법은 상대방의 생각이나 흥미를 이끌어내는 데 아주 효과적이다. 정리하자면 고객의 생각과 기호, 그리고 결정 방식을 추측하기 위한 대화법인 것이다.

상대방의 생각을 추측하려면 상대방이 던진 질문에 알기 쉽게 대답하는 것이 가장 중요하다. 자신이 전달한 1분 간의 메시지에 대해 고객이 어떻게 생각하고 어떤 반응을 보이는지, 어떤 질문을 다시 던질지를 고객의 입장에서 생각한다. 그리고 그걸 추측하면서 대화의 캐치볼을 이어가는 것이다.
특히 영업맨 자신만 혼자 떠드는 게 아니라 상대방의 기분을 좋게 만들어 그가 더 많이 말하게 해야 하고, 그 속에서 생각이나 결정 방식의 패턴을 파악해야 한다. 이를 이해하면 한층 효과적으로 1분 대화법을 활용할 수 있다.

마지막 순간까지 디테일에 집중하라

1분 대화법이라고 해서 모든 상황에서 포인트를 1분간 전달하라는 법은 없다. 1분은 어디까지나 세 가지 포인트를 부족함 없이 전달하는 데 충분한 시간이다. 때와 장소, 상황에 따라 1분이 30초가 될 수도, 10초가 될 수도 있다. 다만 듣는 사람이 자신의 이야기에 주의 깊게 귀 기울이는 시간은 최대가 1분이기 때문에 더 길어지면 지루해하거나 흥미를 잃을 수도 있다. 이 때문에 1분을 한도로 해서 넘지 않게끔 유의하는 게 좋다.

1분 대화법을 활용하기에 지나치게 긴 상황도 있다. 예를 들면 상대방과 주거니 받거니 대화의 캐치볼을 하는데 혼자서만 1분간 얘기하는 것은 너무 길다. 그리고 1분이 지나치게 긴 상황이 또 있다. 바로 영업맨에게 가장 중요한 최종 단계인 클로징 순간이다. 이때는 1분이 아니라 10초 대화법을 사용해야 한다.

사람이 무언가를 결정할 때는 긴장해서 호흡이 거칠어진다. 바로 그때가 등을 밀어야 하는 순간이다. 하지만 상대방은 여러 가지를 생각하는 중이기 때문에 천천히 내 이야기를 들어줄 여유가 없고, 괜히 입을 뗐다간 시끄럽다고 일축당하기 십상이다. 그때는 조용히 상대방의 결정을 기다리거나 상대방의 결정을 돕는 한마디를 해야 한다. 이 시간은 길어도 10초 밖에 주어지지 않는다.

앞서 소개한 프로 영업맨 백곰 선배는 "그런데 사장님, 이건 어떻게 할까요? 저번에 설명드린 아주 좋은 상품 말입니다."라는 말로 10초간 이야기했고, 고객이 서명하게 만들었다. 고객을 결정 내리게 하는 10초는 장기와 유사하다. 프로 장기 기사는 상대방의 수를 고려해 항상 수십 수, 수백 수를 먼저 읽는다고 하는데, 프로 영업맨도 상대방이 어떤 반응을 보일지 몇 가지 상황을 시뮬레이션하며 대화에 임해야 한다. 그리고 상대방이 패턴 A로 나오면 이런 대응, 패턴 B로 나오면 저런 대답을 한다는 식으로 반응을 살피며 클로징을 유도해야 한다. 이것은 영업을 할 때 느끼는 가장 큰 즐거움으로 프로인지 아닌지를 증명받는 자리기도 하다.

가장 마지막 장면에는 침묵도 의미 있는 대화가 된다. 이제 서명만이 남았을 때는 말없이 정면에서 고객을 응시한다. 고객이 불현듯 고개를 들면 눈이 마주치고 그때 고객의 얼굴에 안도감이 나타나는지를 관찰한다. 거기에 영업의 성패가 달려있다.
마지막 장면에서 비즈니스가 성사될지 아닌지의 분위기를 파악하는 능력은 수없이 많은 클로징을 경험한 영업맨만이 가질 수 있다. 고객과 눈이 마주친 순간은 찰나지만 본능적으로 느낄 수 있다. 고객이 미소를 지으며 "이 비즈니스는 당신네와 합시다."하고 말하는 순간, 모든 노력을 보상받고 최고의 기쁨을 느낄 수 있다.

예능 프로그램에서 배우는 1분 대화법

짧은 시간 안에 세 가지 포인트를 전달하는 10초 대화법은 1분 대화법에 능숙해지면 어느 정도 가능해진다. 다만 클로징 상황에서 성공적으로 사용하기 위해선 수많은 경험이 필요하다. 사람마다 사용하는 장면은 제각각 다르겠지만 식은땀이 나는 상황을 경험해봐야 비로소 자신만의 사용법을 만들고 체득할 수 있다. 따라서 이 책에서는 주로 1분 대화법을 중심으로 설명하고자 한다. 1분 대화법에 능수능란해지면 10초 대화법도 곧잘 할 수 있게 된다. 즉, 1분 대화법을 실전에서 사용하며 경험을 쌓으면 된다.

그렇다면 1분 대화법이란 구체적으로 무엇일까. 1분 대화법의 형태를 알려면 텔레비전 예능 프로그램이 가장 좋은 참고가 된다.

예를 들면 얼마 전 후지TV에서 방영된「폭소 레드 카펫」은 세일즈 토크 훈련이라는 시점에서 보았을 때 상당한 공부가 된다. 사회자인 이마다 고지[今田耕司] 씨와 다카하시 가쓰미[高橋克実] 씨의 절묘한 태클도 아주 재미있다.

이 프로그램은 개그맨들이 붉은색 컨베이어 벨트(레드 카펫)를 타고 무대 중앙에서 1분 동안 개그를 선보인다. 그걸 심사 위원들이 채점하고 점수에 따라 '만점 대소(滿点 大笑)', '대소(大笑)'라는 평가를 내린다.

나는 예능 프로그램 보는 것을 워낙 좋아해서 방송에 완전히 몰입해 내가 마치 심사 위원이라도 된 마냥 채점을 했다. 동시에 그 개그가 왜 재밌었는지, 혹은 왜 재미없었는지 각각의 소재를 분석하기도 했다.

크게 웃음이 터지는 개그는 소재 자체부터 재미있고, 전달 방법 또한 완벽했다. 그러나 기본적으로 소재 자체가 재미없으면 어떤 식으로 들어도 큰 웃음이 나지 않았다. 소재가 재미있어도 출연자의 말투가 대본에만 충실해 말하는 것처럼 느껴지면, 역시 재미가 전해지지 않았다. 그저 소재를 제대로 이야기하려는 마음만 강해서 어투가 어색해지고 열심히 이야기한다는 사실만 전달될 뿐이었다.

반대로 '만점 대소' 평가를 받은 개그는 구성도 알찰 뿐 아니라 절묘하게 이야기가 이어졌다. 1분 동안 제대로 전달하기 위해 필요한 것들이 꽉 차있었기 때문이다.

또 후지TV의 「깜빡임-사상 최단의 웃음 배틀」이라는 예능 프로그램에서도 아주 흥미로운 부분을 발견할 수 있다. 예능인들이 일대일로 15초 동안 개그 대결을 하고, 소리 크기를 측정하는 센서가 설치된 고양이 기계가 웃음소리가 더 큰 쪽을 판단해 승부를 결정한다.

15초라는 짧은 시간의 대결은 과거 10초 만에 전화가 끊긴 내 경험이 떠올라서, 웃음이 별로 나오지 않은 썰렁한 개그를 보면 나도 덩달아 식은땀이 나기도 했다.

「깜빡임-사상 최단의 웃음 배틀」의 15초 대결에서는 그 시간 안에 개그의 마지막 반전이 분명하게 전달되어야 웃음을 유발할 수 있다. 예능인들이 그야말로 죽을힘을 다해 연습했겠지만, 마지막 반전에 도달하기 전 15초가 초과되어 고양이 기계가 눈을 감아버리거나 반대로 15초 안에 끝내기 위해 급하게 말하다 보니 제대로 내용이 전달되지 못한 적도 있었다. 소재를 간결하게 전달하면서 반전도 있는 개그는 완성도가 높고 상당히 재미있었다.

후지TV 홈페이지의 프로그램 소개에는 '사람의 첫인상은 불과 15초 이내에 결정된다. 즉, 재미있는지 아닌지를 판단하는 것도 15초면 충분하다.'라고 나와 있다. 영업도 처음 15초로 '도움이 될 것인지' 혹은 '재미있을 것 같은지' 판단을 받는다.

두 프로그램의 공통점은 짧은 시간 안에 명확하게 이야기를 전달하고 포인트를 분명하게 제시한다는 것이다. 더불어 허둥거리지 않고 이야기가 장황하지 않으면 더욱 완벽하다. 이렇게 하라고 말하기는 쉬워도 실행에 옮기기는 어렵다. 예능인들이 꾸준히 연습하며 실력을 닦듯이 영업맨도 말하는 힘, 대화력을 향상시키기 위해 꾸준히 연습해야 한다.

세 가지 영업 타입별 1분 대화법 활용 예시

나는 1분 동안 세 가지 포인트를 전달하는 대화 기술을 '1분 대화법'이라 부르며 의식적으로 사용하려 했다. 하지만 대화력이 뛰어난 사람들은 무의식중에 다양한 상황에서 1분 대화법을 사용한다. 단시간에 필요한 사항을 알기 쉽게 전달하려면 대개 1분 동안 세 가지 정도의 포인트를 이야기하게 되기 때문이다.

기회가 있다면 말솜씨가 좋은 판매원이나 영업맨의 이야기에 귀 기울여보길 바란다. 포인트를 두세 개로 추려서 1분 이내에 간결하게 설명하고 있을 것이다. 요점을 알기 쉽게 전달하는 데 이 방법이 가장 효과적이기 때문이다.

말솜씨가 좋은 사람은 무의식중에 1분 대화법을 사용하지만, 나처럼 말주변이 없거나 평범한 사람들은 이를 의식적으로 사용해야 한다. 즉, 말솜씨가 좋은 사람들의 대화법을 흉내 내자는 것인데 의식적으로 1분 대화법을 사용함으로써 누구나 상대방에게 이야기하고 싶은 것을 알기 쉽게 전달할 수 있다.

1분 대화법에 대한 이해를 돕기 위해 상품이나 서비스를 세 가지 타입으로 분류했다. 당신이 판매하는 것도 아마 이 세 가지 중에 분명 포함될 것이다. 실제 영업 현장에서 1분 대화법을 활용할 때 참고하길 바란다.

● 타입1 **소유물형(기능 영업)**

휴대폰이나 컴퓨터, 자동차 등을 판매하는 영업 유형이다. 소유물을 판매하기 위해서는 '그걸로 무엇이 가능한가'라는 기능과 함께 고객의 활용법을 설명하는 데 중점을 둬야 한다. 여기서 고객이 '어떻게 사용할 것인가'라는 니즈가 파악되지 않으면 제대로 된 정보를 제공할 수 없다.

● 타입2 **체험형(공감 영업)**

음식이나 게임, 스포츠, 영화 등은 맛있다, 즐겁다, 재미있다 등의 경험에 대한 표현으로 만족도를 전달한다. 만족도는 개인마다 차이가 크기 때문에 핵심을 제대로 찔러야 하는데, 여기서 핵심은 대부분 고객의 과거 경험이 바탕이 되므로 그와 연결해 설명하는 것이 영업을 성공시키는 열쇠가 된다.

● 타입3 **목표 달성형(달성 영업)**

입시 학원, 다이어트 전문 업체를 방문하는 고객은 '지망하는 학교에 합격한다', '몇 킬로그램을 빼야 한다'는 목표를 가지고 있다. 또 주식이나 투자 신탁 등의 금융 상품도 수익 창출이라는 목적이 분명하다. 전자는 개인의 노력을 바탕으로 하고, 후자는 경제 환경 등 자신이 컨트롤하지 못하는 부분이 크다. 두 가지 모두 쉽사리 목표를 달성할 수 있다는 확신을 하기 힘들기 때문에 '목표 달성의 확률을 높이는 방법'을 설명해야 한다.

상품이나 서비스 타입에 따라 어떻게 전달하고 포인트를 잡을지 짐작이 되는가? 그렇다면 각 타입별로 실제 영업 현장에서 참고할 수 있는 1분 대화법을 살펴보자.

● 사례1 **가전제품 매장 판매원의 1분 대화법(기능 영업)**

스마트폰의 보급은 그야말로 눈부시게 확산되었다. 이 책을 읽고 있는 독자들도 대부분 스마트폰을 사용하고 있을 것이다.

여기 스마트폰을 처음 구매하고자 하는 고객이 "스마트폰을 사려는 데 어떤 게 좋습니까?"라고 묻는다. 어떻게 대답하면 좋을까.

일반적인 판매원이라면 "이 제품에 이런 기능이 추가되어 더 좋습니다."라며 달라진 기능을 설명하기 위해 다른 제품과 비교하는 방법을 택할 것이다. 그런데 이러한 설명은 이미 스마트폰 기능을 숙지하고 있는 유저들에게는 효과적일지 몰라도 처음 스마트폰을 구입하려는 고객에게는 불친절함 그 자체다.

새로운 기능에 대한 설명은 어디까지나 공급자 측의 세일즈 포인트로, 신규 유저들의 입장에서는 '이렇게 굉장한 것도 있답니다. 얼른 사세요.'라고 잘난 척하는 것과 같다.

나도 얼마 전 휴대폰을 바꾸기 위해 가전제품 매장을 찾은 적이 있다. 요새 유행하는 스마트폰이라는 것이 도대체 어떤 건지 알고 싶어서 판매원에게 "스마트폰을 쓰면 뭐가 좋아요?"라고 물었더니 "어플을 다운로드할 수 있어요."라는 대답이 돌아왔다.

솔직히 그 대답을 듣고 나서 내 머릿속은 '?' 상태가 되었다. 같은 질문을 몇 번 더 해봤지만 돌아오는 질문은 그뿐이었다.

판매원의 경험이 부족해서 그랬을 수도 있지만 나처럼 기계에 문외한인 사람에게 '애플리케이션을 다운로드한다'는 말은 이해할 수 없는 외계어와 같았다. 요즘 세상에 스마트폰을 사용해 본 적이 없는 게 더 비정상인지도 모르겠지만 애플리케이션을 모르는 사람에게 이미 애플리케이션을 사용한다는 전제로 말을 했으니 무척 당혹스러웠다.

그렇다면 판매원은 나에게 무엇을 전달해야 했을까. 그때 옆에 있던 다른 판매원의 대답이 무척 인상 깊었다. "지금 쓰는 건 폴더형인데 스마트폰을 쓰면 어떤 점이 좋나요?"라는 질문에 그는 다음과 같이 대답해 주었다.

"우선 인터넷을 하신다면 스마트폰이 편리하고, 손가락으로 터치해서 보고 싶은 부분을 확대할 수도 있습니다. 그리고 요즘 유행하는 라인(LINE)이나 트위터, 페이스북 같은 SNS를 할 때에도 스마트폰이 편리합니다. 하지만 평소에 전화와 문자만 하신다면 가격이 저렴한 폴더형을 쓰셔도 충분합니다."

이 대답을 듣고서야 마침내 나는 궁금증을 해소할 수 있었다. 내가 알고 싶은 사항을 간결하고 알기 쉽게 전달해 준 것이다.

내 질문, 즉 니즈는 '스마트폰이 기존의 핸드폰과 비교해 어떤 점이 좋은가'였다. 그 질문에 판매원은 다음과 같은 세 가지 포인트로 대답했다.

1. 인터넷을 사용하기 쉽다.
2. 라인이나 트위터, 페이스북과 같은 SNS를 하기 편하다.
3. 전화나 문자 기능만 쓴다면 기존 휴대폰을 써도 충분하다.

이것이야말로 1분 대화법의 모범 사례다. 시간이 채 1분도 걸리지 않았기 때문에 더 훌륭한 답변이었다.

그리고 "가격은 대략 얼마 정도 합니까?"라는 질문에도 알기 쉽게 설명해 주었다.

"신제품은 약 7만 엔이지만 2년 약정 계약을 하시면 다양한 할인 혜택이 적용되어 대략 2만 8000엔 정도 지불하시면 됩니다."

이 대답에서도 하나, 신제품은 7만 엔, 둘, 2년 약정을 하면 할인이 있다, 셋, 약정 할인을 받으면 2만 8000엔만 지불하면 된다는 포인트를 명확하게 전달하였다.

스마트폰은 늘 비싸다고 생각했는데 2년에 2만 8000엔, 1년으로 치면 1만 4000엔이라는 사실을 알게 되자 바꿔도 괜찮겠다는 생각이 들었다.

마지막으로 "어떤 기종의 스마트폰이 좋습니까?"라는 질문에는 "배터리가 얼마나 오래가느냐의 문제인데 어플을 많이 사용하신다면 배터리 용량이 큰 게 좋습니다."라고 대답했다. 이어서 "크기, 무게, 디자인은 취향에 따라 선택하시면 됩니다."라고 덧붙였다.

불과 5분 정도 이어진 대화의 캐치볼이었지만 내가 원하는 정보를 정확하고 간결하며 이해하기 쉽게 전달해 주었다. 프로 판매원이라고 감탄했는데 영업맨들도 1분 대화법을 이와 마찬가지로 사용하면 된다. 고객의 니즈를 파악하고 이를 세 가지 포인트로 추려서 1분 내에 간결하게 정보를 전달하는 것을 반복함으로써 고객의 판단을 촉구할 수 있다.

● 사례2 **맥주 바 점원의 1분 대화법(공감 영업)**

체험형 상품이나 서비스를 판매할 때 고객에게 어필이 될 만한 정보를 제공하는 것은 결코 쉬운 일이 아니다. 앞서 설명했듯이 만족을 느끼는 지점은 개인마다 차이가 있고, 또 어필할 포인트가 무한하기 때문이다. 영업맨은 고객과 대화하면서 상대방의 기호, 취미, 감동 포인트, 경험 등을 알아내어 설렘을 느낄만한 지점을 찾아야 한다.

이때도 세 가지 포인트를 전달하는 1분 대화법을 활용하여 상대방의 반응을 살피고, 관심을 가지는 테마로 접근할 수 있다. 이를 통해 설렘을 느끼는 포인트를 발견하면 다시 1분 대화법으로 공감을 이끌어내야 한다.

이 책을 쓰기에 앞서 출판사 편집자들과 맥주 바에서 미팅을 가졌을 때였다. 그 가게는 전 세계의 진귀한 맥주를 파는 곳이었다.

나는 무엇을 고를지 몰라 점원에게 "맥주를 추천해 주시겠습니까?"라고 물었다. 이에 젊은 점원은 "벨기에 맥주는 어떠십니까?"라고 대답하였다.

"벨기에 맥주도 유명하다는 말을 익히 들었습니다."

"네. 맥주는 독일이 가장 유명하지만, 벨기에도 알려지지 않은 맥주 강국입니다. 중세 시대부터 맥주를 제조하기 시작했는데, 각 지방마다 독자적인 제조법이 잘 계승되고 있어서 그야말로 맥주의 종류가 '버라이어티'합니다. 기호에 맞는 맥주를 발견하는 건 즐거운 일이죠."

이 대답에서 점원은 하나, 벨기에는 숨은 맥주 강국, 둘, 지방에 따라 독자적인 제조법이 계승되고 있다, 셋, 맥주의 종류가 버라이어티하다는 세 가지 포인트를 정확하게 설명하였다.

"오, 그렇군요. 그중 추천해주실 만한 게 있습니까?"

"화이트 맥주는 어떠십니까? 맥주는 보통 보리로 만들지만 화이트 맥주는 밀 함유량이 높습니다. 이 때문에 색이 탁해져 화이트 맥주라고 불리게 되었죠. 쓴맛이 적고 상쾌해서 달콤한 풍미를 느낄 수 있습니다."

내가 알고 있는 맥주 맛을 바탕으로 쓴맛이 적고 상쾌하며 달콤한 풍미를 상상해보았고, 결국 마셔보고 싶다는 생각이 들었다. 과거의 경험과 비교해 더 괜찮다고 판단한 것이다. 특히 술을 잘 못마시는 나에게 '달콤한 풍미'는 무척 매력적인 정보였다. 그리고 당연히 추천받은 화이트 맥주를 주문했다.

점원이 가지고 있는 주류에 관한 지식, 분위기에 맞는 부드러운 말투, 맛있는 맥주를 권하는 방법에 나는 격하게 공감했다. 그의 근사한 대화 방식은 분명 그 가게의 매출에 상당한 공헌을 하고 있을 것이다.

점원에게만 귀감을 주는 사례가 아니다. 친구에게 음식점, 영화, 여행지 등을 소개할 때에도 이와 같은 대화 방식을 활용한다면 '나도 그렇게 느끼고 싶다'는 친구의 공감을 이끌어낼 수 있을 것이다.

● **사례3 금융 상품에의 투자를 제안하기 위한 1분 대화법(목표 달성형)**

주식이나 투자신탁을 매입해 본 사람은 많겠지만, 그래도 대부분 투자는 '어렵다' 혹은 '잘 모르겠다'고 생각한다. 나는 펀드매니저나 전문 트레이더 등 투자와 직접적인 연관이 있는 일을 하지 않았기 때문에 '투자의 프로'라 불리긴 어렵지만, 금융 업계에서 오래 종사해 온 사람으로서 조언을 하자면 투자란 다음과 같다.

투자에는 '설레는 투자'와 '안심하는 투자'가 있다. 설레는 투자란 자신이 투자하는 곳이 앞으로 계속 성장하기를 기대하는 투자다. 예를 들면 응원하는 회사의 주식에 투자하거나 브라질, 인도네시아 등의 신흥국에 환투자하는 것이 이에 해당한다.

물론 투자의 본질적 특성상 무조건 순조롭게만 진행된다고 장담할 수는 없기 때문에 설레는 마음 이면에는 긴장감과 불안감이 공존한다.

제트코스터라는 놀이기구를 아는가? 후지큐 하이랜드(야마나시

현에 위치한 유원지-옮긴이)에는 '에에자나이카(ええじゃないか)'라는 제트 코스터가 있다. 이에 대해 후지큐 하이랜드의 홈페이지에는 다음과 같은 설명이 나온다.

'세 바퀴의 회전으로 난생처음 느껴보는 스릴과 해방감을 즐길 수 있다! 다리는 공중에 떠 있어 발을 구를 수도 없고, 우주 공간에 내팽개쳐진 듯한 감각이 온몸에 퍼진다!'

나는 어릴 때부터 무서운 놀이기구를 곧잘 탔는데, 이 같은 설명 덕분에 줄을 서서 기다리는 동안 설렘과 두근거림을 동시에 느낄 수 있었다. 설레는 투자는 이와 비슷한 감각이라고 설명하면 이해가 쉽다.

한편 설렘이나 두근거림을 별로 원하지 않는 사람도 있다. 그런 사람에게는 비교적 안전한 일본 국채나 미국 국채 등 선진국의 채권 투자를 권한다. 국채 매입은 나라에 돈을 빌려주는 거래이기 때문에 고객이 안심하고 투자할 수 있다.

모두 자산을 지키고 증식시키는 것이 목적인 영업이지만 고객이 느끼는 감정은 천지 차이이다. 일반적으로 설레고 두근거리는 정도가 높은 쪽이 금리가 더 높고, 안심하고 투자하는 쪽은 금리가 낮다.

여기서는 설레고 두근거리는 투자를 예로 들어 설명하고자 한다. 눈부신 성장을 하고 있는 신흥국 인도네시아 투자가 바로 그것인데, 이에 대해 영업맨이 고객에게 무엇을 전달해야 하는지 살펴보겠다.

먼저 고객이 인도네시아의 어떤 점에 설렘을 느끼는지 알아야 한다. 인도네시아 경제에 관한 리포트에서 중요한 포인트를 발췌하면 된다. 이때 포인트를 뒷받침해 줄 그래프나 도표도 함께 갈무리해두면 상대방을 설득하기가 한층 더 쉬워진다.

● **인도네시아 투자 포인트**

1. 인구는 무려 2억 4천만 명. 일본의 두 배.
2. 일인당 GDP(국내 총생산) = 3,500달러. 일본으로 말하자면 오사카 만국 박람회 후의 경제 상황 수준.
* 세계은행의 '세계 발전 지수(World Development Indicators) 2012' 참고.
3. 수도 자카르타는 일인당 GDP가 약 1만 달러. 자동차를 가장 많이 구입할 시기이므로 일본의 자동차 회사도 계속 진출하고 있음.
4. 소비가 많은 나라. GDP의 약 40%가 소비에 사용됨.
5. 경제가 성장하면 중간 소득층(연수입 60만 엔부터 300만 엔 정도)이 증가함. 인구의 절반이 중간 소득층이 된다면 1억 명이나 되고, 이는 곧 물건을 구매할 사람이 점점 늘어날 것으로 전망이 가능.
6. 하지만 도로가 부족하다는 문제가 있음. 도로가 자동차로 넘쳐나기 전에 도로를 증설해야 함.
7. 국가가 회사에 돈을 별로 빌려주지 않은 듯 함(민간 대출 대 GDP 비율은 아시아 국가들 중 최저인 30% 정도).

8. 경상 수지가 적자가 되면 인도네시아 루피아가 팔리기 쉬움. 즉, 엔으로 인도네시아 루피아에 투자하면 마이너스 상황이 될 수 있다는 의미.

9. 부동산 가격도 연간 20~30%나 상승하고 있음(자칫 거품 상황이 될 수 있음).

10. 물가는 유가의 영향이 큼(인도네시아에서는 석유가 채굴되어 이전에는 수출이 활발했지만 국내 경제의 성장으로 외국에서 수입하게 되었고, 국민에게 석유를 낮은 가격으로 제공하기 위해 정부가 보조금을 내고 있음).

2013년 시점에서 고객에게 설명할 수 있는 열 가지 포인트를 추려보았다. 열 가지 포인트를 조합해 1분 동안 신흥국 투자의 매력에 관해 전달하는데 고객의 이해도나 대화 단계에 따라 조합 방법은 달라질 수 있다. 예를 들면, "인도네시아가 성장하는 것 같은데 어때요?"라는 기본적인 질문에는 1, 2, 3, 4번 항목을 조합하면 된다.

"인도네시아는 인구가 2억 4천만 명으로 일본의 두 배나 됩니다. 성장 중인 경제는 딱 1970년에 일본에서 개최된 오사카 만국 박람회 후 정도죠. 수도 자카르타는 일본의 신차로 가득합니다. 그만큼 인구수가 늘어나고 소득도 증가하면 자동차를 더 많이 구입하기 때문에 일본의 자동차 회사도 계속 진출하고 있고요. 앞으로 성장이 기대되는 나라입니다."

GDP 등의 경제 용어를 아는 사람에게는 수치를 더해 한층 더 구체적으로 설명할 수 있다.

"인도네시아는 인구가 2억 4천만 명으로 일본의 2배, 일인당 GDP는 약 3,500달러로 일본으로 치면 1970년 오사카 만국 박람회 정도로 설명할 수 있습니다. 수도 자카르타의 일인당 GDP는 약 1만 달러인데, 이는 자동차를 많이 구입할 시기로 일본의 신차가 넘쳐나고 있어요. 소비 증가를 기대해서 일본의 자동차 회사도 공장을 건설하고 있는 등 앞으로 성장이 기대되는 나라입니다."라는 설명이 가능해진다.

"인도네시아에 투자하는 투자신탁을 매입할까 고려 중인데, 어떤 점에 주의해야 할까요?"라는 질문에는 6, 7, 8, 9, 10번 항목을 조합해 대답할 수 있다.

"주의해야 할 점은 세 가지가 있다고 봅니다. 첫째는 도로인데, 자카르타는 교통 정체가 심해서 앞으로 도로를 얼마나 만들고 확장할 것인지에 주목해야 합니다. 둘째는 최근 부동산 가격이 상승하고 있다는 점인데, 거품이라면 나중에 꺼질 가능성도 있습니다. 셋째는 인도네시아 루피아가 해외와의 돈거래에서 적자가 되면 팔리기 쉬운 통화이기 때문에 널뛰기가 심합니다. 인도네시아는 분명 매력적인 투자처이지만 그런 부분이 주의해야 할 점입니다."

이번에도 상대방이 경제를 잘 안다면 조금 더 전문적으로 전달한다.

"인도네시아는 투자할 때 인프라, 금융, 인플레이션, 환율을 유의해야 합니다. 장차 국가의 성장을 이루기 위해서 인프라를 정비할 것이고 이는 곧 국가 부채 증가로 이어질 수 있습니다. 투자 리스크는 유가 상승으로 인한 인플레이션, 경상 수지 적자에 의한 루피아의 하락세가 있습니다."

이처럼 사전에 포인트를 몇 가지 항목으로 정리해두면 1분 대화법으로 설명할 때 1, 2, 3, 4번 항목을 조합하는 등의 방법으로 이야기를 구성할 수 있다. 또 조합을 바꾸면서 고객의 이해도, 흥미에 맞춘 대답도 가능하다. 더불어 인도네시아의 상황이나 수치 변화에 맞춰 수정도 가능하고, 내용을 추가하려면 열한 번 째 항목을 만들어 리스트를 업데이트 할 수도 있다.

이는 1분 동안 전달하고자 하는 내용을 구성하는 기본적인 방법이다.

당연한 일을 당연하지 않을 만큼 연습하라

이제 1분 대화법을 어떻게 구사해야 하는지 짐작이 가는가. 어렵지 않다. 대략 1분 동안 전달하고 싶은 내용을 세 가지로 추려서 알기 쉽게 전달하는 것, 그뿐이다. 앞에서 서술했듯이 말솜씨가 좋은 사람은 무의식적으로 이미 1분 대화법을 사용하고 있을 것이다. 그렇지 않은 사람이라면 의식적으로 사용해 영업에 도움이 되게 해야 한다.

　1분 대화법을 자유자재로 구사할 수 있으면 중요한 사항을 상대방에게 간결하게 전달할 수 있는 동시에 대화의 캐치볼에서 상대방의 생각을 유추할 수 있게 되어 결국에는 의사결정을 촉구하는 절대 대화법까지 구사할 수 있게 된다.

　무엇이든 처음부터 잘할 수 있는 건 없다. 능숙해지려면 날마다 연습해야 한다. 물론 대화법이라고 해서 예외가 아니다.

　내 친구 중에 니시오카 요시히로[西岡良洋] 씨라는 프로야구 선수가 있다. 그는 프로야구 팀 세이부 라이온즈[西武ライオンズ]와 요미우리 자이언츠[読売ジャイアンツ]에서 수비와 타격에 능한 외야수로 활약하다가 은퇴 후에는 요코하마 베이스타스[横浜ベイスターズ] 등에서 코치를 역임했다. 지금은 아카사카[赤坂]에서 아주 맛있는 불고기를 파는 레스토랑을 운영하고 있다. 그의 이야기를 들으면 프로야구 선수가 평상시에 얼마나 많은 노력을 하는지 깨닫게 된다.

　고등학교를 졸업하고 세이부에 입단한 그는 매일 밤 천 번씩 스윙 연습을 하기로 결심했다. 수백 번이나 휘두르다 보면 점점 손힘이 약해져 종이테이프로 손과 배트를 감아 휘둘렀다고 한다. 물집이 터지고 손은 피투성이가 되었지만 그래도 매일 배트를 쥐고 휘둘렀다. 마치 「교진[巨人]의 별(일본의 야구 만화-옮긴이)」에 나오는 주인공들처럼 강한 정신력으로 훈련했다고 한다. 하지만 그 정도는 해야 1군에 올라갈 수 있고 프로의 세계에서 살아남을 수 있다고 했다.

그는 '당연한 일을 당연하지 않을 만큼 하는 것이 중요하다'는 말도 남겼다. 즉, 야구 선수는 당연히 스윙 연습을 해야 하는데, 이를 당연하지 않을 정도로 계속하는 게 중요하다는 의미였다.

니시오카 씨의 말을 듣고 역시 프로라면 노력을 거듭해야 한다는 걸 통감했다. 니시오카 씨뿐만 아니라 프로야구 선수들은 매일 투구와 캐치볼, 스윙 연습을 한다. 그러한 기초 트레이닝을 반복함으로써 머리로 생각하지 않아도 감각적으로 몸이 움직여 공을 포구하거나 배트로 강속구나 변화구를 칠 수 있게 되는 것이다.

종종 '몸에 배게 한다', '몸이 저절로 반응하게 한다'는 말을 하는데, 이는 날마다 트레이닝함으로써 의식하지 않아도 반사적으로 몸이 움직이게 만드는 것이 아닐까.

프로야구 선수가 매일 기초 트레이닝을 반복해 몸을 반사적으로 움직일 수 있게 만드는 것처럼, 영업맨도 프로가 되기 위해 날마다 트레이닝해야 한다. 그래야만 감각적·반사적으로 고객과 대화가 가능하기 때문이다. 1분 대화법을 트레이닝하는 것도 이와 같은 의미다.

제5장
절대 대화법을 구사하기 위한 3단계 트레이닝

지금까지 1분 대화법과 10초 대화법의 중요성에 대해 소개했다. 이는 영업 현장뿐만 아니라 모든 비즈니스 상황에서 유용하게 활용할 수 있기 때문에 제대로 숙지하고 써먹으면 도움이 된다. 제5장에서는 1분 대화법을 구사하기 위한 트레이닝 방법을 제시한다. 트레이닝은 난이도에 따라 3단계로 나누어져 있고, 이를 모두 연습한다면 어떠한 상황에서도 상대방과 원활한 대화를 이어나갈 수 있을 것이다.

1분 대화법의 3단계 활용법

1분 대화법의 가장 좋은 점은 이를 배우기 위해 난해한 이론을 외우거나 고통을 동반한 노력이 필요하지 않다는 것이다. 매일 반복하는 간단한 트레이닝만으로 누구나 1분 대화법을 구사할 수 있다.

1분 대화법은 글자 그대로 한 번에 1분만 소요되기 때문에, 다섯 번 연습해도 5분 밖에 걸리지 않는다. 전철 안에서나 길을 걸으면서도 충분히 연습할 수 있다.

트레이닝 소재는 일상생활에서 볼 수 있는 모든 것이다. 전철 안에서 보이는 풍경이나 길을 걸으며 눈에 띄는 모든 것이 소재가 될 수 있다.

1분 대화법의 활용은 3단계로 정리할 수 있다.

캐치볼로 예를 들어 설명하자면 1단계는 공을 상대방의 가슴을 향해 던질 수 있게 되는 것이다. 2단계는 상대방이 던진 공을 받아서 되던지는 것으로 고객의 질문에 제대로 대답할 수 있게 되는 단계다. 3단계는 어떠한 공이 날아와도 받아서 되던질 수 있게 되는 것, 즉 고객이 어떠한 질문을 해도 곧바로 응수할 수 있는 대응력을 갖추는 것이다.

이제 1분 대화법의 트레이닝 방법에 대해 단계별로 설명하겠다. 책을 읽고 있는 바로 지금 따라 해봐도 좋다. 간단한 연습이기 때문에 누구든지 할 수 있다. 그럼 시작하겠다.

1단계 **열 개의 소재 중 세 개만 사용해 스토리 만들기**

누군가에게 메시지를 전한다고 가정해보자. 누구든 상관없다. 거래처든 가족이든 그 누구라도 상관없다. 전달할 상대를 떠올렸다면 메시지의 테마를 하나 선택한다. 최근 구입한 물건, 어제 본 영화, 맛있었던 레스토랑, 좋아하는 스포츠, 학창 시절 동아리 활동 등 무엇이든 괜찮다.

자, 이제 종이와 연필을 준비한다. 그리고 아까 떠올린 테마에서 전달하고 싶은 소재를 무작위로 적는다. 선택한 테마와 연관된 것이라면 무엇이든 순서 상관없이 적어도 좋다. 연습이기 때문에 열 개정도 적으면 된다. 억지로 떠올리며 더 많이 적지 않아도 좋다.

이제 써 내려간 항목에 우선순위를 매긴다. 가장 중요한 것부터 차례로 5위까지 선정한다. 중요도는 자신의 판단으로 결정하지만, 가능하면 상대방이 흥미를 가질 것이나 상대방에게 중요한 것을 우선에 두고 순위를 정한다.

다음에는 상위 세 항목만 사용해 스토리를 만든다. 1분 동안에 전달할 수 있게끔 최대한 간결하게, 세 항목을 고루 사용해 스토리를 구성한다.

우연히 상위 세 항목이 연관성 있는 소재였다면 어려움 없이 스토리를 구상할 수 있다. 하지만 전혀 관련이 없는 항목을 선택한 사람은 스토리를 만드는 데 애를 먹을 수도 있다.

하지만 어떻게든 조합해서 하나의 스토리를 만들어보자. 처음이니까 조금 무리한 전개를 펼쳐도 상관없다. 항목 간에 연관성이 없을수록 발상은 비약적으로 전개될 수 있기 때문에 트레이닝 효과가 한층 향상될 것이다.

스토리가 완성되면 소리 내어 이야기해본다. 그다음에는 시간을 재면서 이야기해본다. 1분이 초과되었다면, 내용을 다듬어서 1분 분량으로 줄인다.

어떤가. 1분 동안 자신이 말하고자 하는 스토리가 완성되었는가? 내용은 간결한가? 그 내용은 상대방에게 잘 전달될 것 같은가?

1분 대화법에 정답은 없다. 제대로 전달되었는지는 스스로 판단하면 된다. 자신이 판단해서는 상대방에게 잘 전달되었는지 객관적으로 모를 수도 있기 때문에 직장 동료와 함께 트레이닝하며 서로

피드백을 주고받으면 좋다. 물론 전철을 탈 때, 길을 걸을 때처럼 혼자서 연습해도 대화 실력은 일취월장할 것이다.

만약 혼자 연습하는 게 효과가 있을지 의문이라면 걱정할 필요가 없다. 완성된 스토리가 상대에게 전달될지는 혼자서도 판단이 가능하기 때문에 IC 레코더에 녹음해 들어봐도 좋다. 그렇게 트레이닝을 반복하다가 다른 사람과 대화를 할 때 1분 대화법을 활용하고 응용한다면 대화력이 충분히 향상되었음을 느낄 수 있다.

나도 트레이닝을 처음 시작했을 땐 항목에 순위를 정하는 것부터 1분 안에 말하는 것까지 모두 어려워했다. 지금 당장 제대로 못한다고 해서 포기하지 말고 끝까지 트레이닝해주길 바란다.

앞에서도 잠깐 언급했지만 1분 대화법은 상대방에게 전달하려는 이야기의 요점을 이해하기 쉽게 전달해 흥미를 유발할 수 있을 뿐만 아니라 자신의 머릿속을 정리하는 데도 효과적이다. 프레젠테이션을 할 때는 전달하고 싶은 포인트를 명확하게 정리해서 자료를 작성해야 한다고 서술했다. 보기에 멋진 자료를 만드는 일보다 전달하고 싶은 포인트를 추리는 게 중요하다고 했던 것처럼 포인트가 아닌 건 과감하게 삭제한다는 각오로 내용을 구성해야 좋은 결과를 얻을 수 있다.

프레젠테이션을 할 때에도 1분 대화법 트레이닝이 효과를 발휘한다. 고객에게 전달하고 싶은 정보를 무작위로 써 내려간 다음, 우선순위를 매기는 작업은 전달하고 싶은 포인트를 추리는 일이다. 우선순위, 즉 상위에 있는 항목은 자신이 중요하다고 판단해 반드시 고객도 알아주기를 원하는 정보다. 그 정보를 바탕으로 프레젠테이션 자료를 구성하면 중요한 점을 한눈에 파악해 고객의 이해를 도울 수 있다. 무엇보다 자신이 중요하다고 생각하는 내용을 중심으로 설명하기 때문에 당연히 내용에 대한 이해도 깊어 자신감을 가지고 고객에게 전달할 수 있다. 그러한 자신감 있는 태도는 결정을 망설이는 고객에게 좋은 자극제가 된다.

고객에게 전달하는 정보에 우선순위를 매기는 작업은 자신의 머릿속을 정리하는 일이기도 하다. 무엇이 중요한지를 생각하는 것은 일의 본질을 추구하는 행위이며, 내용을 완벽하게 이해하고 있어야만 가능한 일이다.

결과적으로 머릿속의 정보를 정리함으로써 대화의 폭을 넓힐 수 있다. 이른바 고객의 다양한 반응에 대응할 수 있는 '서랍이 늘어난다'는 의미다. 서랍이 많아질수록 다양한 화제에 대응할 수 있게 되고 사전에 준비가 안 된 내용이라도 머릿속에서 세 가지 포인트를 구성해 새로운 1분 대화법을 전개할 수 있게 된다.

1분 대화법의 목적은 당연히 자신이 팔고자 하는 상품이나 서비스에 대해 효과적으로 설명하는 것이다. 그러기 위해서 다양한 상품으로 1분 대화법 트레이닝을 하면 실전에서 효과를 볼 수 있다.

내 생각에 1분 대화법 트레이닝의 소재로는 광고만 한 것이 없다. 나는 광고를 잘 모르지만 광고를 보면 그 상품을 사고 싶다는 생각이 들었는지 스스로에게 묻곤 했다. 그리고 내가 그 상품을 판매하는 입장이라면 어떻게 전달할 수 있을지도 생각했다. 텔레비전 CF 광고는 약 15초로 이루어져 있다. 앞에서 서술했듯이 10초면 세 가지 포인트를 정리해 전달할 수 있기 때문에 CF 역시 충분한 정보를 제공하고 있으며, 이를 분석해 보는 일은 1분 대화법을 연습하는 데 분명 도움이 된다.

지난 수년 동안 텔레비전에 나왔던 CF 광고들을 보면 이전에 비해 고객의 의사결정으로 이어지는 정보를 직접적으로 강조해 전달하고 있다. 그중에서도 가전제품 판매점이나 회전초밥 레스토랑의 CF가 단연 눈에 띈다. 과거 가전제품 판매점의 CF는 구매 욕구를 부추기기 위해 일반적으로 냉장고나 텔레비전의 성능을 전면에 내세웠지만, 지금은 오히려 가격을 명확하게 제시한다. 회전초밥 레스토랑도 마찬가지다. '한 접시에 99엔', '몇 시부터는 한 접시 90엔'처럼 맛보다는 가격을 전면에 내세운다.

어떠한 상품이나 서비스라도 저렴한 가격은 구매 욕구를 가장 강하게 부추기는 포인트다. 또한 가격은 경쟁사와 비교하기 용이하고 치열한 경쟁 구도를 양성할 수 있다. 한때는 과한 경쟁 유발이 문제가 되어 가격을 매스컴 광고에서 언급하지 말자는 주의도 있었지만, 지금은 가전제품 판매점이나 회전초밥 레스토랑의 CF에서도 볼 수 있듯이 텔레비전 CF에서도 가격을 턱 하니 내세운다. 그 가격이 매력적이라고 생각한 고객은 '그럼 가볼까?'라고 결정하게 된다. 다시 말해 가전제품 판매점이나 회전초밥 레스토랑 측에서는 고객이 가게에 가보자는 의사결정을 하게 만들기 위해 일부러 매력적인 가격을 명시한 것이다.

한 다이어트 업체의 CF는 더 놀랍다. '이 방법으로 이렇게나 살을 뺐어요!'라는 유저의 체험담과 함께 다이어트 프로그램 수강료가 30만 엔이라고 금액을 명확하게 내세우고 있다. 더구나 30만 엔은 결코 적은 금액이 아니다. 하지만 분명하게 금액을 명시함으로써 고액을 지불하더라도 다이어트에 도전하고 싶어 하는 고객을 미리 선별해 이끌 수 있다.

아무튼 금액을 명시하는 CF를 소개한 이유는 고객의 의사결정을 촉구하고야 말겠다는 판매 측의 명확한 의지를 엿볼 수 있기 때문이다.

영업맨인 이상, 대화의 목적은 고객이 결정을 내리게 하는 것이다. 이는 고객과 대화를 하는 순간에도 항상 의식해야 할 점이다. 물론 1분 대화법 역시 결과적으로는 고객의 결정을 유도하기 위함임을 잊어서는 안 된다.

앞으로는 텔레비전 CF 광고, 전철의 지면 광고, 신문이나 잡지 광고 등을 보면 그 상품이나 서비스가 어필하고 있는 세 가지 포인트를 생각해보자. 고객에게 어필하는 포인트가 고객의 의사결정으로 이어질지 생각하는 습관을 들인다면, 실제로 고객을 만났을 때 고객의 결정을 돕는 1분 대화법을 구사할 수 있게 될 것이다.

즉, 영업맨은 항상 '고객이 결정을 내리게 유도한다'는 점을 잊어서는 안 된다. 그리고 이와 같은 트레이닝은 1분 대화법의 1단계인 '상대방의 가슴을 향해 정확하게 공을 던질 수 있게 되는 능력'을 기르는 데 도움을 줄 것이다.

2단계 고객의 질문을 예상해 답하기

대화 기술을 향상시키는 목적은 고객에게 필요한 정보를 정확하게 전달하기 위함이다. 하지만 또 다른 목적도 있다. 필요한 정보를 전달한 후 상대방과 대화의 캐치볼을 이어가는 것도 1분 대화법의 중요한 목적이다. 고객이 어떤 공을 던져도 받아서 되던질 수 있어야 클로징까지 이끌 수 있기 때문이다. 이번에 소개할 트레이닝 방법은 고객이 던진 공을 정확하게 받아서 되던지는 2단계를 연마하기 위한 것으로 예상 질문 카드를 만드는 방법이다.

우선 고객이 화제로 삼거나 질문할 것이라고 예상되는 말을 카드에 적는다. 카드 한 장당 하나의 질문을 적는다. 최대한 많이 생각해 적는 것이 중요하다.

카드가 완성되면 이를 뒤집어 섞은 다음, 한 장을 골라서 거기에 적힌 질문에 답해본다. 물론 대답은 1분 안에 해야 한다.

처음엔 무엇을 말해야 할지 생각하는 데 시간이 오래 걸릴 수 있으므로, 전달하고자 하는 이야기의 세 가지 포인트를 미리 노트에 적은 다음 이를 참고하여 트레이닝해도 좋다.

이 방법은 매일 소재를 바꿔가며 실시하는 것이 중요하다. 각 질문에 대해 세 가지 포인트를 노트에 적음으로써 예상 질문집을 만들 수도 있다. 또한 실전에서 고객이 적극적으로 질문 공세를 퍼붓거나 부정적인 대화 분위기가 조성되어도 되던지는 공의 종류를 다양하게 준비할 수 있다.

어느 정도 대답이 가능해지면 트레이닝의 수준을 조금 올려본다. 카드를 보는 즉시 10초 안에 세 가지 포인트를 생각하고, 1분 동안 이야기하는 것이다.

10초 동안 생각하라는 이유는 대화 도중 10초 이상 침묵이 생기면 분위기가 어색해지기 때문이다. 게다가 상대방과 나 두 사람이 대화하는 상황이라면 10초의 침묵은 더욱 무겁게 느껴진다.

나카야마 히데유키[中山秀征] 씨가 사회를 보는 텔레비전 퀴즈 프로그램 「타임쇼크」에서는 5초 이내에 정답을 말해야 하지만, 대화의 캐치볼에서 상대방이 기다려주는 시간은 10초가 최대다. 설령 고객의 질문에 대답하지 못하더라도 "다음에 답변 드리겠습니다."라는 등의 반응을 보여야 상대방이 불쾌해하지 않는다.

물론 처음에는 10초 내에 생각을 정리하기가 쉽지 않을 것이다. 하지만 트레이닝을 반복하면 의외로 쉽고 간단하다.

단, 이것은 암기 훈련이 아니라는 점에 주의해야 한다. 예상 질문과 관련해 1분 안에 대답할 내용은 준비해야 하지만 이를 달달 외우라는 것은 절대 아니다. 물론 전달하려는 포인트는 기억해야 한다. 그러나 대답을 줄줄 외워버리면 임기응변을 발휘하기가 어렵다.

영업맨이 고객과 대화하면서 가장 어려운 상황은 언제일까. 그건 "필요 없어요." 혹은 "관심 없어요."라는 말을 듣거나, 고객이 아무런 반응도 보이지 않을 때다. 영업맨이라면 누구나 이처럼 식은땀 나는 상황을 경험해보았을 것이다. 따라서 예상 질문 카드에는 '필요 없음'과 '반응 없음'이라는 항목도 적어 대응을 준비해야 한다.

거듭 강조하지만 "필요 없어요."라는 말이 나왔다는 건 신뢰가 충분히 구축되지 않았고 고객이 무엇을 원하고 갖고 싶어 하는지를 충분히 파악하지 못했기 때문이다. 즉, 고객과 충분한 신뢰가 형성되지 않았음에도 비즈니스와 관련된 이야기를 꺼냈거나 고객의 니즈를 무시한 채 영업상의 전략 상품을 제안했을 때, "이야기라도 들어주세요."라고 억지로 약속을 잡았을 때, "무조건 팔아 와라."라는 상사의 말 때문에 방문했을 때 이와 같은 반응이 나올 수 있다.

물론 어느 정도 신뢰를 구축했어도 "필요 없어요."나 무언으로 거절당할 가능성은 있다. 따라서 고객의 거절에 당황하여 얼어붙지 않기 위해서는 미리미리 어떻게 대처할지에 대한 훈련이 필요하다.

고객이 반응을 보이지 않거나 직접적으로 거절 의사를 밝히면 영업맨은 왜 필요 없는지, 무엇이 마음에 들지 않았는지 등의 거절 이유를 확인해야 한다. 이미 동일한 물건을 구입했을 수도 있고, 과거에 비슷한 사안으로 좋지 않은 일을 겪었을 수도 있다. 여하튼 거절하는 이유를 정확히 알기 위해서 어떤 식으로 질문할지도 미리 생각해둬야 한다.

이제 2단계의 상급편이라 할 수 있는 실전 트레이닝에 대해 소개하겠다. 이 트레이닝은 텔레비전 연예 버라이어티 프로그램인「쇼텐[笑点]」을 참고할 수 있다.

일요일 저녁에 방송되는「쇼텐」의 오프닝 곡을 들으면 '내일은 출근'이라는 생각이 들어 나도 현역 시절에는 그리 좋아하지 않았는데, 대화의 기술을 향상시키고자 하는 사람들에게는 분명 유익한 프로그램이다.

「쇼텐」프로그램 중「오키리[大喜利]」라는 코너에서 사회자 가쓰라 우타마루[桂歌丸] 씨가 내는 문제에 출연자가 그 자리에서 바로 반전이 되는 웃음거리를 생각해 말하는 진행 방식을 1분 대화법 트레이닝에 도입할 수 있다.

이 트레이닝은 두 사람이 함께할 수 있는데 한 사람이 영업맨 역할을, 다른 사람이 고객 역할을 맡는다. 이는 '롤 플레이'라고 불리며 영업 교육 현장에서 활발히 행해지고 있다.

기본 패턴은 영업맨 역할이 1분 대화법을 사용해 전달하고자 하는 내용을 말하고, 고객 역할은 이에 대한 다양한 반응을 보이는 것이다. 여기서 중요한 것은 고객 역할이 추천받은 상품이나 서비스를 거절한다는 전제로 영업 역할의 약점을 찌르는 것이다.

상급편 트레이닝 역시 계속 소재를 바꿔가며 연습하도록 한다. 고객 역할의 질문을 10초 동안 생각해서 1분 대화법으로 전달하고, 다시 고객 역할의 반응에 1분 대화법으로 받아치는 연습을 하며 대화의 캐치볼을 이어간다. 생각지도 못한 질문에 대답해야 하기 때문에 집중력과 빠르게 사고하는 능력을 기를 수 있다. "도쿄 올림픽 개최가 정해졌나요?" 등 일상적인 가십거리부터부터 시작해 "그런데 환태평양 경제 동반자 협정(TPP)에 대해 어떻게 생각하세요?" 등 전문적인 내용에 이르기까지 전방위적인 질문을 퍼붓는 것이 중요하다. 비록 연습이지만 고객과의 대화와 같은 긴장감을 유지하도록 한다.

3단계 **1분을 10초로 바꾸는 트레이닝**

3단계는 바로 1분 동안 말한 내용을 10초로 줄이는 트레이닝이다. 그동안 해온 1분 대화법 트레이닝을 10초 대화법으로 바꿔서

10초 안에 대답하는 연습을 해보자. 10초 대화법은 1분 대화법과 달리 정말 중요한 포인트만 전달해야 한다. 중요한 순간에 상대방이 고민하고 있는 것들을 예상 질문 카드 항목으로 연습하도록 한다. 그러면 자연히 마지막 순간에 결정을 유도하는 10초 대화법 트레이닝이 된다.

트레이닝 효과를 한층 더 높이려면 함께 트레이닝한 상대에게 말한 내용이 잘 전달되었는지, 대답하기까지 시간이 오래 걸리지 않았는지 등의 검증을 요청해야 한다. 무엇이 어떻게 전달되었는지, 또는 전달되지 않은 부분이 무엇인지 서로 평가하면서 개선할 점과 주의할 점을 확인할 수 있다.

상대방을 바꿔가며 트레이닝하는 것도 추천한다. 다양한 사람과 대화하면서 자신의 대화 수준을 확인할 수 있고, 또 자신보다 더 잘하는 사람에게서 요령이나 주의사항 등의 조언을 들을 수도 있다. 부디 영업 팀 내에서 트레이닝의 일환으로 도입해 대화의 캐치볼 수준을 향상시키는 데 도움이 되기를 바란다.

1분 대화법 트레이닝으로 화젯거리 늘리기

대화를 잘하는 사람들의 공통된 능력은 매끄러운 말투와 풍부한 화젯거리를 가졌다는 게 아닐까. 매끄러운 말투는 타이밍을 잡는 방법이나 소재를 다루는 방법을 알아야 하고 어느 정도 경험이 축적되어야 연마가 가능하지만, 풍부한 화젯거리는 경험이 부족해도 준비가 가능하다.

하지만 풍부한 화젯거리라고 해서 잡다한 지식을 마구잡이로 준비해선 안 된다. 전달하고자 하는 내용에 대해 1분 대화법으로 구성한 대답과 관련한 것이어야 실제 대화 상황에서 활용할 수 있다.

1분 동안 세 가지 포인트를 설명하는 1분 대화법 트레이닝은 풍부한 화젯거리를 만드는 데도 효과적이다.

고객이 던진 질문을 예상해 그 대답을 세 가지 포인트로 요약하거나, 예상 질문 트레이닝을 통해 10초 만에 대답을 생각하는 훈련은 머릿속에 다양한 서랍을 만들어서 원활하게 화제를 꺼내는 트레이닝이 된다. 이 때문에 1분 대화법 트레이닝을 반복할수록 화젯거리가 든 서랍의 수가 증가하고 이를 꺼내는 속도도 빨라진다.

앞에서 언급했던 프로야구 팀 요미우리 자이언츠 출신의 니시오카 요시히로 씨는 현역 시절에 호수비로 유명했는데, 그 비결은 예측에 있었다고 한다. 이 투수가 외각으로 커브를 던졌을 때 저 타자가 치는 방식이라면 어디쯤에 타구가 날아갈지를 예상하고 공이 배트에 맞는 순간 예상 낙하지점으로 뛰어갔다고 한다. 그 예측은 대개 정확하게 맞아떨어져서 우중간이나 좌중간으로 날아간 공도 거뜬히 캐치했다고 하니 놀라울 따름이다. 이것이 타구의 행방을 확인한 뒤 뛰어가는 아마추어 선수와 일류 프로선수의 차이다.

니시오카 씨가 정확하게 타구의 행방을 예측할 수 있었던 건 오로지 평소에 쌓은 경험과 꾸준한 트레이닝 덕분이다. 자신의 팀에 있는 각 투수의 구종과 구속, 상대 팀 타자의 특징에 대한 데이터가 머릿속에 들어있었기 때문에 실전에서 정확하게 타구를 예측할 수 있었다고 한다. 이른바 머릿속에 방대한 데이터 서랍이 완성되어 있었던 것이다.

1분 대화법 트레이닝도 그런 예상 데이터를 축적하고 실제 대화에서 능수능란하게 꺼낼 수 있도록 준비하는 과정이다. 우수한 외야수가 투수와 타자의 데이터를 순식간에 서랍에서 꺼내 타구를 예측하고 뛰듯이 영업맨도 고객의 질문을 예상해 그 즉시 대답을 꺼내야 한다. 그러려면 꾸준한 트레이닝을 통해 수많은 서랍을 만들어야 하고, 다양한 서랍 속에 있는 풍부한 화젯거리로 고객에게 정보를 제공할 수 있어야 한다.

상사도 결정하게 만드는 1분 대화법

비즈니스맨이라면 상사에게 보고하는 일이 일상적 업무다. 그때 1분 대화법으로 간결하고 알기 쉽게 보고하면 상사와의 의사소통이 원활해질 뿐만 아니라 합리적으로 업무하는 사람이라는 평가도 받을 수 있다.

　부하 직원은 상사의 지도 감독을 받고 있지만 상사를 잘 이용할 줄도 알아야 한다. 영업맨이 고객의 결정을 유도하듯 상사가 결정을 내리도록 만들고 싶은 경험은 누구나 있을 것이다.

　나는 경영자라는 입장이다보니, 많은 부하 직원의 보고를 들을 수 있었다. 경험상 상사가 '결정을 내리게끔' 잘 유도하는 부하 직원은 이야기를 시작할 때부터 무엇을 전달하고 싶은지 명확하게 밝힌다. 고객에게 영업을 하듯이 1분 대화법을 구사해서 원하는 것과 바라는 것을 포인트로 정리해 전달한다.

　"뭔가 결정을 내려주길 바라는지, 단지 알아주길 바라는지, 아님 푸념을 하고 싶은 건지 미리 밝히게."

　나는 의논하러 온 부하 직원들에게 이렇게 말하곤 했다. 바쁜 업무 속에서 서로의 시간은 귀중한 자원이다. 그러므로 최대한 효율적으로 사용해야 한다.

　젊은 비즈니스맨들은 경영자나 매니저가 되면 의사결정이 일상 업무가 된다는 점을 알았으면 한다. 어떤 안건이든 의사결정이라는 행위에는 긴장감이 따른다. 따라서 본론을 말하기 전 자신이 무엇을 원하는지 분명하게 전달해 상사도 마음의 준비를 할 수 있도록 시간을 줘야 한다.

　처음에 "결정을 내려주셨으면 합니다.", "생각을 듣고 싶습니다."라는 말을 들으면 내가 지금 무언가 의사결정을 내려야 한다는 생각으로 긴장하며 이야기에 귀 기울이게 된다. "참고해주셨으면 합니다.", "알아 두실 게 있습니다."라고 말을 시작하면 지금 결정하지 않아도 된다는 뜻이므로 수동적인 태도로 듣게 된다.

　부하 직원과의 사이가 익숙해지면 "푸념을 늘어놓아도 될까요?"라는 말도 듣는다. 대개 이 다음에는 "도저히 못 해먹겠어요."라는 분노의 말이 이어진다. 그럴 땐 '사장님이 되셔서 왜 이런 상태를 내버려 두시는 겁니까?', '어떻게든 해주시면 안 될까요?'라는 뜻이기 때문에 앞으로 어떤 의사결정을 해줄지 생각하면서 듣는다. 내가 내린 의사결정이 문제가 되고 있는 상황이라면 그 경위가 제대로 전달되지 않은 경우가 많기 때문에, 부하 직원의 주장을 충분히 들어주고 내가 왜 그런 의사결정을 했는지 설명하였다.

　결정을 바라는지, 무언가를 알아주길 원하는지, 푸념을 늘어놓고 싶은지 제대로 이야기하지 않으면 상사는 아무것도 결정할 수 없다. 상사가 움직여주길 바란다면, 그 점을 명확하게 전달하고 이유를 정리해서 제시해야 한다. 그리고 이를 어떻게 전달하느냐에 따라 상사의 마음이 크게 바뀐다. 즉, 1분 대화법은 사내 영업에서도 효과를 발휘한다.

비즈니스 상황 외에서 1분 대화법 활용하기

　1분 대화법은 비즈니스 현장에서뿐만 아니라 대화가 필요한 모든 상황에서 활용이 가능하다. 예를 들어 1분 대화법은 면접에서도 도움이 된다.
　나는 오랫동안 입사 면접관으로 면접에 참여해왔다. 그중 학생들이 참여하는 신입 사원 면접에서는 질문에 대해 길게 대답을 늘어놓는 응시자들을 많이 볼 수 있었다.
　지금은 인터넷이 발달한 시대로 인터넷에서 다양한 구직 정보나 면접 테크닉 등을 손쉽게 찾아볼 수 있다. 내가 현역 시절에는 인터넷에 '팀워크를 중시한다고 강조하면 좋은 인상을 줄 수 있다'는 정보가 돌아다녔는지, 응시자들이 너나 할 것 없이 자신은 팀워크를 중시하는 사람임을 이야기했다.
　하지만 "왜 팀워크를 중시해야 한다고 생각합니까?", "어떤 상황에서 팀워크를 발휘했습니까?", "팀워크에서 가장 중요한 건 무엇이라고 생각합니까?"라는 세세한 질문에 대해서는 횡설수설하며 알아듣지 못할 소리를 했다.
　상대방이 마음에 들어 할 만한 말을 해도 면접관은 그 의도를 금방 알아차린다. 기업은 그런 모범 답안을 원하지 않는다.
　질문에 명확하게 대답하지 못하는 건 자신이 전달하려는 내용의 포인트가 무엇인지를 제대로 정리하지 않았기 때문이다. 자신의 강점이 무엇인지 정확하게 파악하고 있다면, 그 점에 대해 캐물어도 대답할 수 있어야 한다.

"나는 이런 사람으로 이러한 경험을 했는데, 그 경험을 통해 이러한 점을 배웠으며 어떤 꿈을 가지고 있습니다."라는 포인트를 1분 동안 전달할 수 있는 훈련을 반복한다면 면접관이 어떤 질문을 던져도 곧바로 대답할 수 있게 된다.

어떤 사람을 처음 만나거나 호감 있는 이성과 첫 데이트를 할 때에도 자신이 하고 싶은 말을 미리 정리해서 1분 동안 전달할 수 있도록 연습한다면 당황하지 않고 대화의 캐치볼을 이어갈 수 있다.

지금까지 1분 대화법에 대해 상세하게 설명했다. 1분 대화법을 활용하면 비즈니스는 물론이고 상사에게 보고할 때, 면접을 볼 때, 나아가 이성과의 커뮤니케이션에서도 이야기를 잘 전개할 수 있게 된다. 나에게 1분 대화법과 10초 대화법은 영업을 할 때 절대적인 무기가 되었는데, 이 책을 읽는 독자들도 이를 열심히 트레이닝해서 자신만의 무기로 만들 수 있으리라 믿어 의심치 않는다.

에피소드 4

베테랑 영업맨도
세 가지 포인트에 마음을 빼앗긴다

　내 현역 시절의 모습을 본 사람들은 상상도 못하겠지만, 이래 봬도 젊은 시절에는 몸무게가 60킬로그램이 채 나가지 않았다. 나름 훤칠하니 멋있는 체형이었다.
　그런데 직장을 다니면서부터 몸무게가 계속 늘어났다. 금융계 사람들의 언어로 말하면 몸무게가 '최고치를 갱신'하며 고공 행진을 이어갔다. 이대로 두었다가는 건강을 해칠 수도 있을 거란 생각에 다이어트를 결심했고, 인터넷에서 다이어트 전문 업체를 검색했다. 그리고 기무라 타쿠야(木村拓哉, 일본 남성 아이돌 그룹 SMAP의 멤버-옮긴이)가 광고하는 남성 전용 에스테틱 살롱 '댄디 하우스'를 찾을 수 있었다.
　인터넷에서는 체험자들의 생생한 후기를 통한 놀라운 다이어트 효과를 광고하고 있었다. 살이 그처럼 쉽게 빠질 리가 없다고 반신반의하면서 조심스레 전화를 했는데, 체험 코스를 먼저 해보라는 제안을 받았다. 일단 나는 그러기로 마음먹었다.

처음 들어가본 에스테틱 살롱에서 두근거리며 체중계에 올라가 체지방률을 측정한 다음, 시술실로 안내받아 얼굴 축소 마사지라는 걸 받았다. 마사지가 끝난 뒤 거울을 보았는데, 정말로 얼굴이 작아진 것 같아 깜짝 놀랐다. 원리와 방법을 물어보았더니 직원의 명쾌한 설명을 들을 수 있었고, 그 설명에 이끌려 당장 등록을 했다.

내 마음을 사로잡은 댄디 하우스의 다이어트 원리를 1분 대화법으로 설명하면 다음과 같은 세 가지 포인트로 정리할 수 있다.

- 원리1

지방을 구성하는 셀룰라이트를 손으로 주물러서 분해한다.

- 원리2

셀룰라이트가 분해되면 그 사이로 모세 혈관이 통과해 지방을 태우기 쉬운 상태로 만들 수 있다.

- 원리3

마지막으로 근육을 자극해 지방을 연소시킨다.

이때는 다이어트에 의욕이 가득해서 에스테틱 마사지뿐 아니라 이틀에 한 번은 5킬로미터 이상 달렸으며 주말에도 2킬로미터 정도

수영을 했다. 더불어 술도 끊고 매일 두부와 샐러드 중심의 식단을 철저하게 지켰다. 그 결과 6개월만에 10킬로그램 감량에 성공할 수 있었다.

뭐든 하면 된다고 기뻐했지만 그것도 한순간이었다. 자신감과 안도감에 다시 음주를 시작했고, 식단도 예전으로 돌아갔다. 아니나 다를까, 몸무게는 다시 조금씩 늘어났다. 2킬로그램이 증가했을 땐 '이 정도는 금방 뺄 수 있어.', 4킬로그램이 증가했을 땐 '아직 괜찮아.', 5킬로그램을 넘으면서는 체중계에 올라가지도 않게 되었다. 그리고 몸무게는 계속 늘어서 다이어트 전의 체중도 넘어서더니 15킬로그램이나 더 찌는 요요현상을 겪었다.

요요현상으로 인해 살이 더 찐 내가 이런 말을 하기도 쑥스럽고 민망하지만, 만약 내가 다이어트 에스테틱 영업맨이라면 다음과 같은 1분 대화법을 활용했을 것이다.

● 방법1

마사지로 셀룰라이트를 분해해 모세 혈관을 통과시킨다. 마지막으로 근육을 자극해 지방을 연소한다.

● 방법2

20분 이상 천천히 뛰거나 수영을 하는 등의 유산소 운동을 병행한다.

● 방법3

술을 삼가고 야식을 절대 먹지 않는다. 그리고 1, 2, 3 모두를 한꺼번에 꾸준히 실시한다.

이건 어디까지나 내 경험에서 우러난 이야기로 누구에게나 해당한다고 장담할 순 없다.

아무튼 영업맨도 결국 사람이다. 유창한 세일즈 토크에는 마음이 움직인다. 그 말인즉슨 인기 있는 가게나 살롱은 프로 영업맨도 인정하는 매력 포인트를 내세우고 있다는 의미일 것이다.

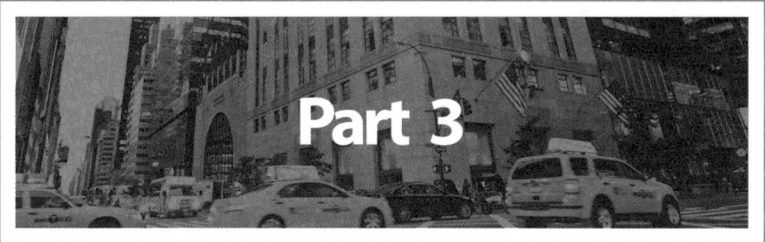

훌륭한 부하와 팀을 만드는 매니저의 리더십

제6장
조직의 효율을 높이는 팀 빌딩 노하우

Part2까지 개인을 위한 설득의 기술과 대화법을 소개했다면, Part3에서는 팀워크를 만들 수 있는 매니저의 리더십에 대해 소개한다. 축구에서 뛰어난 스타플레이어 한 명보다 강한 조직력을 가진 팀이 더 유리하듯이 영업도 마찬가지로 개인이 잘하면 되는 시대가 끝나고 팀이 한데 능력을 모아야만 시장에서 살아남을 수 있게 되었다. 제6장에서는 팀의 실적을 높이기 위해 팀원 개개인의 성향을 파악하고 적재적소에 배치하는 매니저의 팀 빌딩에 대해 소개한다.

프로를 다루는 프로의 리더십

영업 매니저의 위치와 역할의 정도는 회사에 따라 다르지만, 공통적으로는 팀원들을 총괄해 관리하고 성과를 올리기 위해 지도하는 것이다. 만약 본격적으로 리더십에 대해 공부하고 싶다면 리더십만을 전문으로 다룬 서적을 참고하길 바란다. 여기서는 내가 골드만삭스에서 경험한 사례를 통해 팀을 이끄는 매니저에게 도움이 되는 리더십 몇 가지를 소개하고자 한다.

예전에 일본과 미국에서 프로야구 팀 감독을 역임한 사람의 강연을 들은 적이 있다. 지금까지 내가 들었던 리더십 관련 강의 중에서 가장 감동적이었고, 업무에도 참고가 많이 되었다.

프로야구 팀은 '우승'이라는 목표를 달성하기 위해 경기를 치른다. 매년 시즌이 시작할 때 모든 팀의 감독과 선수들은 '올해엔 반드시 우승하자'며 서로 간에 의지를 불태운다. 하지만 강연을 진행한 그 감독은 "감독이 며칠 동안 계속 우승 얘기만 하면 선수들이 질려버립니다."라고 말했다. 우승하고 싶은 마음은 감독만큼 선수들도 간절하기 때문에 모두가 다 아는 걸 몇 번씩이나 말하면 도리어 순순히 조언을 받아들이지 못하는 역효과를 초래할 수 있다는 것이다.

영업 팀도 마찬가지다. 매니저가 '실적을 올려라.', '우리 지사의 목표는 전국 1위다.'라는 말을 팀원들에게 계속 이야기하는 것은 결코 좋지 않다. 영업맨 역시 실적을 올리거나 지사의 성적을 올리는 것이 자신의 평가와도 직결되기 때문에 이 목표가 얼마나 중요한지는 잘 알고 있다. 그런 상황에서 똑같은 소리를 계속 들으면 '다 알고 있어! 귀 따가워 죽겠네!'라고 생각할 수 있다.

프로야구 선수는 대부분 야구 엘리트 중에서도 다시 선택받은 베테랑이기 때문에 자신의 실력에 대한 프라이드가 강하다. 그런 선수들에게 경기 내용에 대해 계속 주의를 주거나 의미 없는 조언을 반복하면 오히려 반항적으로 변할 수 있다. 그렇다면 선수의 프라이드를 지켜주는 코칭이란 무엇일까?

그 감독의 경우, 선수가 좋은 경기를 했을 땐 아낌없이 칭찬해 주었다고 한다. 만약 조언을 하고 싶다면 선수의 장점을 칭찬함과 동시에 "그건 이렇게 하면 어떨까?"라고 말해 선수 스스로가 해결책을 생각할 수 있도록 힌트를 주었다고 한다. '마지막에는 결국 선수가 판단하고 행동하는 것'이라는 표현도 무척 인상 깊었다.

이미 나름대로 실적을 올리고 있는 프로에게 조언을 할 땐 당연히 특별한 배려가 필요하다. 영업에서도 실적을 올리는 영업맨은 자신만의 프라이드가 강하고 이미 성과도 내고 있기 때문에 별로 참견할 일이 없겠지만, 프로야구 선수들에게도 슬럼프가 찾아오듯 영업맨도 언제나 승승장구할 수는 없다. 분명 슬럼프에 빠지는 시기가 올 것이다.

영업맨이 벽에 부딪쳐 고민하고 있거나 일이 순조롭게 진행되지 않을 때는 본인이 그 사실을 더 잘 알고 있다. 그럴 때 윗사람이 직접적으로 주의를 주면 울컥하는 마음에 고분고분하게 받아들이지 못할 수도 있다.

프로야구 감독의 경우처럼 직접 문제점을 말하기보다 영업맨에게 해결책의 힌트를 제공하여 스스로 생각하게 만드는 배려가 필요하다. 프로야구 선수가 경기에서 좋은 결과를 내기 위해선 결국 스스로 힘을 향상시켜야 하는 것처럼 영업맨도 스스로 고객을 위해 움직여야 비로소 좋은 결과를 낼 수 있다.

나도 그 감독의 행동을 본받아서 슬럼프에 빠진 담당 영업맨에게 "이런 제안을 해보면 어떨까?", "고객에게 조언을 받지 그래?" 등의 말로 아이디어와 힌트를 제공했다. 다만, 그것을 실행에 옮길지는 영업맨 스스로 판단하는 것이다. 만약 내가 직접적인 조언을 하고 담당 영업맨이 이 조언에 따라 움직였다고 해서 반드시 일이 잘 풀릴 것이라는 보장은 없기 때문에 간접적으로 조언하는 편이 서로를 위해 더 좋다.

사람을 움직이게 하는 행동 원리는 비슷하고 고도의 경험과 실적이 뒷받침된 리더십은 분야가 달라도 참고할 부분이 상당하다. 나는 프로야구 감독의 리더십에서 영업 매니저에게 요구되는 리더십과 통하는 점을 찾아 현장에서 실천하였다.

팀워크를 키워야 경쟁력이 살아난다

일본은 현재 저출산, 고령화 시대를 맞아 인구 감소 국면에 접어들었다. 이로 인해 많은 사람이 실감하듯 다방면에서 커다란 구조 전환이 이루어졌다. 그중 가장 큰 변화는 말할 것도 없이 구매력의 저하, 즉 '물건이 팔리지 않는 시대'가 되었다는 것이다.

이 변화는 영업에도 큰 영향을 미쳤다. 인구가 증가하던 고도 경제 성장 시대에는 경제의 부흥을 타고 물건이 날개 돋친 듯 많이 팔렸다. 새로운 상품, 우수한 서비스라면 무조건 세상 사람들의 인정을 받아 널리 구매되던 시대였다.

그런 시대에는 개인영업이 효과적이었다. 어찌 됐든 물건이 팔리기 때문에 다수의 영업맨을 움직여 인해 전술 전략으로 판매하면 어느 정도 성과를 낼 수 있었다.

기업의 영업 성적은 전적으로 영업맨 개인의 능력에 달려 있어서 우수한 영업맨을 많이 보유한 기업이 좋은 실적을 올릴 수 있었다. 그 때문에 이 시대 기업의 최대 과제는 우수한 능력을 갖춘 영업맨을 최대한 많이 확보하는 것이었다. 영업맨을 교육할 때에도 개인 영업 능력 강화에 초점을 두었다.

하지만 거품 경제가 절정에 이르고 일본 경제가 성숙기에 접어들자, '쉽게 물건이 팔리는 시대'가 끝나고 정확하게 소비자의 니즈를 파악한 사람만이 성과를 낼 수 있는 시대가 되었다. 영업맨 개인이 커버할 수 있는 실적의 범위가 한정되어 '슈퍼 영업맨' 혼자서는 기업을 먹여 살릴 수 있는 시대가 막을 내린 것이다.

지금은 개인영업 시대가 끝나고 팀의 능력이 절실하게 요구되는 시대다. 물론 영업맨들은 각자의 실력을 향상시키기 위해 항상 노력해야 하지만, 팀원들의 힘을 한데 모아 한층 더 효과적인 영업 전략을 펼쳐야하는 시대가 되었다.

따라서 영업 매니저는 '팀의 목표를 어떻게 전원이 공유할지', '각 영업맨의 특성을 제대로 파악해 팀의 능력을 향상시킬 수 있는 방법은 없는지'를 고민해야 한다. 지금은 한두 사람의 슈퍼 영업맨이 존재하는 조직보다 각 영업맨의 능력은 다소 부족하더라도 팀워크가 우수한 팀이 좋은 결과를 내는 시대가 되었다. 이를 상징하는 것이 '나데시코 재팬(일본 여자 축구 팀의 애칭-옮긴이)'이다.

어느 축구 관계자의 말에 따르면 여자 축구의 체력과 테크닉은 상당히 높은 수준에 도달했다고 한다. 하지만 일본 여자 축구 선수들은 개개인의 능력이 세계적 수준에 미치지 못한다. 그럼에도 불구하고 2011년 여자 월드컵에서 기적의 우승을 달성했고, 런던 올림픽에서도 은메달을 거머쥐었다. 이는 일본 팀의 조직력이 뛰어났다고 밖에 판단할 수 없다. 슈퍼플레이어가 없어도 선수 개개인이 자신의 특기를 살려 적절한 포지션을 부여받고 시합에 임했기 때문에 최고의 결과를 얻을 수 있었다. 나데시코 재팬의 활약을 통해 영업 기법의 변화 역시 실감할 수 있었다.

그런 의미에서 영업 매니저의 역할은 과거보다 훨씬 중요해졌다. 영업맨을 독려하기만 해도 되는 시대가 끝나고 팀의 공동 목표를 어디에 설정하고 영업맨 개개인에게 어떤 역할을 부여할 것인지, 즉 고도의 팀을 편성할 줄 아는 능력이 요구되는 시대가 된 것이다.

이러한 사실에 입각해서 이제부터는 팀의 영업력과 매니저의 역할에 대해 설명하겠다.

평범한 팀원들로 최고의 팀을 만드는 방법

영업 매니저에게 부여된 임무 중 가장 중요한 것은 '실적을 올리는 영업 팀을 만드는 일'이다. 여기에 이견이 있는 사람은 없을 것이다.

누구나 실적을 올리라고 말할 순 있다. 그렇게 해서 실적이 오른다면 고생할 필요도 없다. '팔리는 시대'에서 '팔리지 않는 시대'가 된 지금, 영업 매니저는 팀원을 질타하거나 격려만 해서는 성과를 낼 수 없다. 각 영업맨의 능력에 의존하는 영업에서 이제는 팀 차원에서 영업맨을 지원하는 조직력, 즉 팀워크가 요구된다. 요컨대 영업 매니저는 이전보다 '팀 편성'에 더욱 각별한 주의를 기울여야 한다. 이 때문에 좋은 영업 팀을 구성하기 위해서는 기본적으로 각 영업맨의 타입을 먼저 파악해야 한다.

영업맨의 타입을 파악한다는 건 무슨 의미일까. 앞서 고객과 신뢰 관계를 5단계로 나누어 서술했는데, 영업맨에 따라서 1~3단계에 능한, 즉 신규 고객을 잘 만드는 타입이 있는가 하면 4, 5단계에 능한, 즉 이미 어느 정도 신뢰를 쌓은 고객과 관계를 잘 유지하는 능력이 탁월한 타입도 있다.

이는 축구 팀에 비유해 설명할 수 있다. 경기장의 중앙을 책임지며 공격과 수비의 연결 고리 역할을 하는 미드필더(MF), 그리고 골대 앞에서 패스를 받아 득점으로 연결하는 포워드(FW)는 신규 고객 유치에 능하고 고객과의 신뢰를 바탕으로 클로징까지 몰고 가는 공격적인 영업맨이라 할 수 있다. 한편, 축구는 공격적인 선수뿐만 아니라 자신의 진영에 듬직하게 자리 잡고 골대를 지키는 수비수(DF)도 필요하다. 이는 고객과의 신뢰를 지속적으로 유지하는 영업맨으로 비유가 가능하다.

좋은 영업 팀을 구성하기 위해서는 포워드 타입의 공격적인 영업맨과 수비수 타입의 수비적 성향을 지닌 영업맨의 적절한 조화가 필요하다. 즉, 사람과 쉽게 친해지는 멤버는 공격적인 포지션에 배치해 적극적인 영업을 펼치게 하고 관계를 심화시키는 데 재능이 있는 멤버는 수비적인 포지션에 배치해 신뢰의 유지와 심화를 담당하게 하는 것이 영업 팀을 효율적으로 운영하는 방법이다.

그런 의미에서 영업맨 개개인의 자질을 파악하는 일은 영업 매니저의 중요한 직무 중 하나다.

나는 전형적인 포워드 타입의 영업맨이었다. 새로운 고객을 개척하는 일에 불타오르곤 했다. 어떻게 해서 고객에게 도움이 될까, 뭘 하면 고객이 기뻐할까 같은 생각을 할 때면 내 뇌가 활성화되고 가슴이 벅차오르는 것을 느꼈다. '이건 어떨까?'하고 새로운 계획이 떠오르면 엔도르핀이 발생하는 걸 느꼈다.

5단계의 신뢰 관계로 말하자면, 아직 약속을 잡기도 쉽지 않은 1단계를 돌파해 고객이 이야기를 들어주는 2단계, 그리고 조금씩 응원해주는 3단계쯤이 포워드의 영역이다. 그 뒤에 수비수 영역의 멤버들이 관계를 4, 5단계까지 심화시켜 마지막 순간에 비즈니스를 성사시키면 된다.

특히 수비수 영역의 멤버들은 4, 5단계까지 신뢰를 구축한 고객을 넘겨받은 후 관계를 유지하기 위해 다양한 지원이나 서비스를 제공해야 한다. 즉, 고객으로부터 유익한 정보를 제공받을 수 있는 4단계, 부탁을 하면 계약이 가능한 5단계까지 심화된 신뢰를 유지하는 것이 수비수 멤버의 역할이다.

포워드 타입의 영업맨 역시 이미 4, 5단계에 이른 고객과의 관계를 적절하게 유지하며 세세한 부분만 수비수 타입의 영업맨에게 맡기고 신규 고객을 유치하는 데 전력을 다해야 한다.

영업맨 개개인의 자질을 어떻게 파악하고 어디에 배치하는지에서 영업 매니저의 능력이 드러난다. 각각의 타입을 조합해 최적의 팀을 구성하는 것이 영업 매니저로서의 업무고, 포지셔닝이 잘 된 팀은 커다란 성과를 거둘 수 있다.

영업 매니저는 고객과의 신뢰 단계와 비즈니스의 성격에 따라 어느 타입의 영업맨이 어떤 고객을 맡을지까지 생각해야 한다. 규모가 큰 비즈니스가 성사될 가능성이 높다면 포워드 타입의 영업맨과 계약에 이르기까지 지원을 해줄 미드필더 타입의 영업맨으로 팀을 구성할 수 있다. 또 당분간 비즈니스가 성사될 가능성은 낮지만, 신뢰를 잘 유지해야 하는 고객이 있다면 수비수 타입의 영업맨을 배치할 수 있다.

조직이 영업맨 개개인의 자질을 효과적으로 활용하기 위해서는 신규 비즈니스 획득에 능한 포워드, 미드필더 타입의 영업맨을 '공격적 영업 팀'으로 묶고, 고객의 작은 요구에도 확실하게 대응할 수 있는 수비수 타입의 영업맨을 '수비적 영업 팀'으로 묶어서 하나의 고객을 두 팀에서 나누어 담당할 수 있도록 해야 한다.

이렇게 하면 공격적 영업 팀은 늘 새로운 비즈니스를 개척할 수 있고, 수비적 영업 팀은 고객과의 신뢰를 확실하게 유지할 수 있다.

이와 다른 방법으로도 팀을 편성할 수 있다. 젊은 리더가 이끄는 팀에는 젊은 영업맨을 투입시켜 리더와 팀원이 공격부터 수비까지 함께 진행하고 경험을 쌓게 하는 것도 방법이다. 단, 이때는 규모가 큰 비즈니스보다 소규모의 비즈니스를 맡기는 게 좋다.

중요한 건 팀 전체가 고객과의 신뢰를 확고하게 유지하고 심화시켜야 한다는 의식을 공유해야 한다는 점이다.

팀원의 사기를 높이는 업무 평가 시스템

영업의 왕도는 앞서 말한 5단계의 신뢰 관계 중 1단계에서부터 시작해 고객과 신뢰를 쌓고 5단계에 도달하는, 즉 실적을 올리거나 계약을 맺는 것이다. 다시 말해 가장 이상적인 영업은 고객과 친밀한 관계를 구축하고 클로징까지 해내는 것을 말한다.

영업맨은 실적을 쌓을 때 당연히 좋은 평가를 받는다. 물론 나도 그래야 한다고 생각한다. 영업의 세계에서는 실적을 올리는 것이 가장 중요하기 때문에 비즈니스를 성사시킨 영업맨이 가장 좋은 평가를 받아야 함은 마땅하다.

하지만 실제로 대부분의 영업맨이 1단계부터 5단계까지 전부다 완벽하게 해내기는 쉽지 않다. 어느 부분에서는 두드러진 능력을 발휘하지만, 다른 부분에서는 좀처럼 성과를 내지 못하는 영업맨도 많기 때문이다.

어떤 영업맨의 경우, 고객과 신뢰를 쌓는 것에는 무척 능하지만 좀처럼 비즈니스를 성사시키지 못해 낮은 평가를 받아왔다. 대형 고객을 신규 개척하는 데는 어느 정도의 시간이 걸리고, 비즈니스 성사로 이어지기까지도 2년 정도의 시간이 필요하기 때문에 그동안 아무런 평가를 받지 못한다면 영업맨들은 비즈니스를 새로 개척하는 작업을 꺼리게 될 것이다. 어느 정도 신뢰를 쌓은 기존 고객에게 정성을 쏟아부어 거래를 성사시키는 편이 훨씬 수고가 덜 들고 평가도 잘 받을 수 있기 때문이다.

하지만 영업은 계약을 따내는 것만큼이나 신규 고객을 개척하는 일도 중요하다. 새로운 고객이 많아진다는 건 장래의 사업 성과에 직결되므로 반드시 기존 고객에게 쏟는 정성만큼이나 신규 고객을 개척하는 일에도 신경을 써야 한다.

이 때문에 매니저는 신규 고객을 개척하는 것처럼 당장 실적으로 이어지지 않는 일을 어떻게 평가할 수 있는지도 생각해야 한다. 조직이 신규 고객을 개척하는 일의 필요성을 인정했다면, 아직 실적으로 연결되지 않더라도 그 성과를 명확하게 판단해 평가할 수 있는 체계가 필요하다.

앞에서 언급했듯이 내가 고객과의 신뢰를 5단계로 나눈 이유도 지금 당장 실적으로 이어지지 않는 영업 활동을 공정하고 객관적으로 평가하기 위해서였다.

신규로 개척한 고객과의 관계를 3단계까지 상승시켰다, 혹은 2단계였던 고객과의 관계를 4단계까지 끌어올렸다는 것은 최종 계약에 이르지 않았기 때문에 실적이 오르진 않겠지만 반드시 평가의 대상이 되어야 한다. 다시 말해, 이는 실적으로 다가가는 단계이므로 마땅히 평가받아야 한다.

또 고객과의 관계가 단계를 통해 명확해지고, 신뢰를 쌓는 과정도 평가의 대상이 된다면 팀 전체의 영업 전략도 효율적으로 구상할 수 있게 된다. 계약이 성사되지 않았더라도 고객과의 관계를 발전시키는 과정을 평가할 수 있는 체제가 갖춰지면 미드필더, 수비수 타입의 영업맨들을 적극적으로 활용할 수 있게 된다. 즉, 각 영업맨이 잘하는 분야에 중점적으로 에너지를 쏟을 수 있도록 배치가 가능하다.

그리고 고객과의 관계가 단계로 명확해지면, '이건 내년에는 어느 정도 성과를 낼 수 있을 것 같다' 혹은 '이 고객에게서 계약을 이끌어 내려면 아직 시간이 더 걸리겠다'처럼 전체적인 업무의 진행도를 파악할 수 있다.

영업맨들에게 각 고객에게 할애하는 시간과 수고를 물음으로써 어느 단계에 있는 고객에게 정성을 들이는지도 확인할 수 있다. 신뢰가 잘 형성된 고객을 방문하는 것이 편하기 때문에 신뢰가 낮은 고객을 방문하지 않는 영업맨도 있을 것이다. 이처럼 인원을 효율적으로 배치할 수 있고 힘을 쏟아야 하는 단계도 알게 되면 보다 생산적인 조직 운영이 가능해진다.

당연히 계약 건수로 영업 실적을 평가하는 것이 중요하지만, 이는 팀을 최상으로 발전시키는 데 있어서 별로 효과적이지 않다. 이제 영업 매니저의 역할은 실적을 올리고 팀원들을 최대한 지원하는 것을 넘어 평가 체계의 재검토와 팀 개편까지 고려해 팀원들을 적재적소에 배치해주는 일까지 모두 포함한다.

호통이 아닌 소통하는 매니저의 자세

영업은 실적이 숫자로 나타나므로 성과가 정직하게 드러난다. 숫자가 점점 올라가는 영업맨이 있는가 하면 숫자가 좀처럼 올라가지 않는 영업맨도 있다. 좋은 성적을 올리는 영업맨과 그렇지 않은 영업맨에게는 제각각 그럴만한 이유가 있을 것이다. 영업 매니저는 그 이유를 제대로 파악해야 한다.

결과만 보고 숫자가 올라가지 않는다고 해서 담당 영업맨에게 "왜 실적을 내지 못하는 거야!"라고 다그쳐서는 안 된다. 호통치는 건 누구나 할 수 있다. 질타도 분명 필요하지만, 호통만으로는 실적이 개선되지 않는다.

숫자가 올라가지 않는 데에는 다 그만한 이유가 있기 마련이다.

Part1에서 소개한 3단계 설득법인 '신뢰 쌓기', '전달하기', '결정 유도하기'가 이러한 문제를 찾아내는 데 좋은 판단 기준이 될 수 있다.

즉, 신뢰를 쌓는 데 중요한 다섯 가지 질문에 대해 모두 대답할 수 있는지, 고객이 원하는 것을 파악해 그에 필요한 정보를 제공하고 있는지, 마지막 단계에서 제대로 고객의 결정을 이끌어내고 있는지라는 세 가지 질문을 가지고 문제점을 확인해 보면 그 원인을 찾기가 수월하다.

문제는 대개 1단계인 '신뢰 쌓기'가 충분하지 않은 이유인데, 빨리 계약을 체결해 실적을 올리고 싶은 영업맨은 관계를 진척시키는 데만 급급해 고객과의 신뢰가 아직 충분히 구축되지 않았음을 깨닫지 못하는 경우가 많다. 이럴 땐 영업 매니저가 나서서 3단계 설득법에 비추어 고객에 대한 이해가 부족했다든지 성의가 제대로 전달되지 않았다 등의 개선할 점을 뚜렷하게 명시해 줄 필요가 있다.

영업 매니저가 할 일은 실적을 올리지 못하는 영업맨을 호되게 야단치는 일이 아니라, 영업맨의 문제점을 함께 찾고 이를 해결하기 위한 힌트를 제공하는 것이다. 현장에 있는 영업맨의 기술을 향상시켜 실적을 올릴 수 있도록 지원하는 일, 그것이야말로 팀의 성적을 올려 '승리 팀'을 만드는 최선의 방법이다.

Part2에서 소개한 프로야구 팀 요미우리 자이언츠 출신의 니시오카 요시히로 씨는 "현역 시절에는 내 경기의 질을 어떻게 높일지가 과제였다면, 코치가 된 지금은 나 자신이 아니라 선수가 활약을 하게 도와줘야 한다. 그것이 선수와 코치의 가장 큰 차이다."라고 말했다. 즉, 영업 매니저도 프로야구 팀의 코치와 마찬가지로 프로인 영업맨을 코칭해서 팀이 우승을 차지할 수 있도록 이끌어야 한다.

팀원에게 "과거에 내 실적은 이것보다 훨씬 높았어."라고 자랑스럽게 이야기하는 매니저도 종종 있는데, 듣는 팀원에게 거북함만 느끼게 할 뿐 실적을 올리는 데에는 전혀 도움이 되지 않는다. 팀을 이끄는 매니저가 되었다는 건 자신의 실적이 아닌, 팀의 실적을 올리는 새로운 역할을 부여받은 것이다. 즉, 자신의 과거 영광 따위는 미련 없이 버리고 지금의 팀을 어떻게 이끌지만 전념하면 된다.

또 우수한 영업맨이 매니저가 되면 종종 발생하는 일이 있다. 자신의 성공 체험에서 빠져나오지 못하고 예전의 사고방식이나 방법론에 얽매여 팀원들에게 이를 강요하는 것이다.

시대가 늘 변하고 있다는 걸 먼저 이해해야 한다. 금융 세계에서 흐름이 바뀌는 것을 일컬어 '조류가 바뀐다'고 하는데, 과거와 현재는 환경과 상황이 달라졌고 영업의 방법이나 스타일도 점차 진화하고 있다. 불과 십수 년 전에는 인터넷이 없었지만, 지금은 고객이 인터넷을 통해 다양한 정보를 수집할 수 있다. 영업의 본질은 바뀌지 않아도 세상의 변화는 빠르게 받아들일 필요가 있다. 시대에 맞춰 매니저 자신도 점점 바뀌고 발전해야 한다.

그리고 한 가지 더 덧붙이자면, 영업 경험이 아예 없거나 조금 부족한 사람이라도 실적이 높은 영업 팀을 만들 수 있다는 것이다.

가끔 현장 경험이 적은 사람이 영업 팀의 매니저가 되는 일도 있다. 실전 경험이 없다고 해서 영업 성적을 올리지 못하는 건 절대 아니다. 현장에서 눈부신 실적을 쌓아온 매니저 못지않게 두드러진 성과를 기록하는 일도 많이 있다.

그런 매니저들의 공통된 특징은 영업 활동의 포인트를 팀원들과 잘 상의해서 공유하고 있다는 것이다. Part1에서 서술한 '신뢰 쌓기', '정보 전달하기', '결정 유도하기'라는 3단계 설득법을 실행함에 있어 고객을 어떻게 상대할지 매 순간 담당 영업맨과 진지하게 이야기하고 함께 방안을 생각함으로써 승리하는 팀을 만들 수 있다.

조직의 판단과 개인의 책임은 나누어 생각하라

영업 매니저는 조직의 판단과 영업맨 개인의 책임을 명확하게 나누어 생각해야 한다. 예를 들어 영업 활동의 최종 단계에서 타사와 경쟁이 붙어 가격을 더 낮춰야 이길 수 있는 상황이 발생하였을 때 회사가 가격 조정에 불응하면 비즈니스가 성립될 확률이 낮아진다. 유감스럽게도 이런 경우는 숫자로 보이는 실적을 달성하지 못했기 때문에 영업 성과에 포함되지도 못한다. 그럴 때 영업 매니저는 어떻게 해야 할까?

영업 매니저는 팀의 모든 실적에 책임이 있다. 가격을 할인하지 않은 것이 영업 매니저의 판단일 수도 있고 매니저보다 윗사람의 판단일 수도 있지만, 어떻든지 간에 계약을 따내지 못하더라도 가격을 낮추지 않은 건 담당 영업맨 개인이 아닌 조직의 판단이다.

하지만 담당 영업맨이 고객과 신뢰를 쌓아 최종 단계인 경쟁까지 이르게 한 것만큼은 평가해줘야 한다. 물론 담당 영업맨의 노력이 아닌 회사의 이름만 보고 계약을 고민했을 수도 있고, 가격을 깎지 않고도 고객의 구매를 유도할 만큼 신뢰를 쌓지 못했을 수도 있다. 그렇다 하더라도 담당자가 고객과 어느 단계까지 신뢰를 쌓았는지 확실하게 이해하고 그만큼의 노력을 평가해줘야 한다.

나는 회사의 방침에 맞지 않거나 일정 수준 이하의 가격 할인을 희망하는 고객과의 비즈니스는 담당 영업맨에게 직접 거절하라고 지시한 적이 있다. 그러고는 "그건 자네 책임이 아닐세. 회사의 판단이니까 걱정 말게. 여기까지 비즈니스를 끌고 온 건 평가에 반영하겠네."라는 말을 해주었다.

조직의 판단과 영업맨 개인의 책임을 확실하게 구별함으로써 영업맨의 사기 저하를 막을 수 있다. 설령 조직의 판단으로 실적은 올리지 못했어도 영업맨의 지난 노력과 성취도는 평가한다는 조직의 의사를 명확하게 보여준다면 영업맨들이 모든 비즈니스 단계에 전력투구할 수 있게 된다.

제7장
탁월한 리더가 갖춰야 할 대화의 기술

팀을 이끄는 리더로서 매니저는 영업맨들에게 어떤 조언을 할 수 있을까? 제7장에서는 영업 매니저가 각 영업맨들이 고객을 대할 때 어떻게 대화하고 비즈니스를 성사시킬 수 있을지 조언하는 방법과 함께 조직의 상사로서 어떻게 고객을 다룰 수 있을지에 대한 팁을 소개한다. 부하 직원을 가르쳐야 하는 매니저의 입장에서 그들을 어떻게 지도하느냐에 따라 팀의 실적이 크게 바뀔 수 있다는 점을 명심해야 한다.

영업 매니저는 어디까지나 숨은 조력자다

영업 매니저는 부하 직원인 영업맨들이 고객과 더 깊은 신뢰를 쌓고 실적을 올릴 수 있도록 뒤에서 지원하는 '숨은 조력자'다. 즉, 영업맨과 고객의 신뢰 단계가 어느 정도까지 도달했는지, 고객은 어떤 타입의 사람이며 니즈가 무엇인가를 실시간으로 파악할 필요가 있다. 신뢰 단계를 향상시키기 위해 영업맨이 무엇을 하려고 하는지 확인한 후 조언을 하는 것 역시 영업 매니저의 역할이다.

영업 매니저는 영업 경험이 풍부하기 때문에 담당 영업맨의 이야기만 듣더라도 고객과의 대화 내용을 상상할 수 있다. 이때 자신의 경험에 비추어 '나라면 이렇게 할 텐데'라고 생각하거나 '여기서는 이렇게 하는 게 좋다'고 느낄 수 있다. 하지만 담당 영업맨에게 "이렇게 하라."고 직접적인 지시를 내리는 것은 바람직하지 않다. "이렇게 하면 어떨까?"라는 식으로 가볍게 조언을 던지는 것이 중요하다.

앞서 프로야구 감독의 사례에서 말했듯이, 그 조언을 받아들일지 말지의 여부는 담당 영업맨의 판단에 달려있다. 담당 영업맨이 조언을 귀담아듣지 않았다고 해서 이를 상사의 말을 듣느냐 마느냐로 판단할 것이 아니라, 고객과의 신뢰를 심화시키기 위해 조직원으로서 최선을 다하고 있느냐 마느냐로 판단하는 것이 옳다.

영업 매니저의 가장 중요한 역할은 조직과 조직 구성원들이 고객을 위해 할 수 있는 일을 최선을 다해 하고 있는지 생각하는 것이다. 그러기 위해 '우리 팀은 고객과 비즈니스를 성사시키기 위해 할 수 있는 모든 일을 다 할 것이다.'라는 인식을 심어줄 필요가 있다.

간혹 영업 매니저가 담당 영업맨과 함께 고객을 방문하는 일도 있다. 개인적으로는 모든 고객을 방문해야 한다고 생각하지만, 현실적으로 그러기가 쉽지 않다.

담당 영업맨 혼자가 아니라 상사를 함께 데리고 감으로써 고객에게는 '당신을 중요한 사람으로 간주하고 있다'는 의사를 전달할 수 있지만, 그렇다고 해서 단지 인사만 건네기 위해 동행하는 것은 아무런 의미가 없다. 영업 매니저가 방문할 때에는 당신과의 신뢰를 한층 더 심화시키고 싶다는 의지가 담겨 있음을 피력해야 한다.

특히 담당 영업맨과 달리 영업 매니저는 고객을 방문할 수 있는 기회가 거의 없기 때문에 단 한 번의 방문으로 얼마나 고객과 신뢰를 쌓을 수 있는지가 능력으로 드러난다. 나도 고객을 방문하기 전에 담당 영업맨으로부터 고객의 상황을 자세하게 보고받고, 고객에게 도움이 되는 일이 무엇인지를 진지하게 생각하였다.

　고객을 방문하기 전 내가 제대로 준비하지 않으면 나로 인해 고객이 "다시는 찾아오지 마세요."라고 말할 수 있고, 담당 영업맨의 지난 노력이 물거품으로 돌아갈 수도 있다. 나는 그 정도로 긴장하며 미팅에 동행하였다.

미팅 후 보고보다 미팅 전 조언이 중요하다

　영업맨에게 있어 고객과 얼굴을 마주하고 대화할 수 있는 미팅은 가장 신경 써야 할 업무이다. 대개 영업 매니저는 세세한 미팅 자리에는 참석하지 않기 때문에, 영업맨들의 미팅 결과를 보고받길 원하고 고객과 무슨 대화를 나눴는지 궁금해한다.

　그렇지만 영업 매니저는 미팅을 마치고 돌아온 영업맨에게 "미팅이 어땠나?"라고 미팅의 결과를 묻기보다는 미팅에 가기 전 "어떤 목적으로 미팅에 가는가?"를 물어야 함이 옳다. 그리고 이러한 질문을 통해 미팅 전 준비 단계에서 영업맨에게 조언을 할 수 있어야 한다. 그리고 미팅이 순조롭게 진행되게끔 영업 매니저가 고객이 되어 사전에 모의 미팅을 실시하거나 상대방의 질문을 예상해 답변을 준비시킬 수도 있다.

경험이 적은 영업맨은 예상치 못한 고객의 반응에 어떻게 대응해야 할지 모르고, 고객이 힌트를 주어도 그 사실을 캐치해내지 못하는 경우가 많다. 또 고객에게 어떠한 정보를 전달해야 하는지, 어떤 이유로 다시 약속을 잡을지도 잘 모른다. 영업맨이 어느 정도 경험치를 쌓기 전까지는 고객과의 신뢰를 심화시키기 위한 아이디어를 제공하고 후방 지원을 하는 일도 영업 매니저의 업무다.

담당 영업맨이 고객에게 무언가를 제안했을 때 받을 수 있는 최악의 대답은 "필요 없어요."라는 짧은 한마디다. 거듭 말하지만, "필요 없어요."라는 반응이 나왔다는 것 자체가 영업맨이 고객의 니즈를 제대로 파악하지 못했고, 신뢰도 충분히 형성되지 않았음을 의미한다. 하지만 "일단 이야기부터 들어주세요."라는 부탁에 고객은 마지못해 시간을 내어 주는 경우도 종종 있다.

고객과의 미팅은 아무리 준비를 해도 지나치지 않는다. 고객이 "필요 없어요."라고 말했다면 어떻게 대응하고 무슨 제안을 할까, 영업 매니저는 담당 영업맨과 함께 충분히 대응을 구상하고 자료를 검토할 필요가 있다. 그런 면밀한 준비가 고객에 대해 더 깊이 생각하는 계기가 될 수 있다.

그런 과정을 거친 후, 영업 매니저는 미팅을 마치고 돌아온 영업맨에게 "어땠나?"라고 물어서 사전 준비와 결과가 어떻게 달랐고, 다음에는 어떤 액션을 취해야 하는지를 의논해 고객과의 신뢰를 업그레이드할 수 있다.

보고는 보고일 뿐 그대로 믿지 마라

"이제 다 됐습니다. 고객이 무척 만족해하십니다. 이번 계약은 분명히 성사될 것입니다."라고 영업맨이 담당하고 있는 비즈니스에 대해 자신만만하게 말할 때가 있다. 하지만 장밋빛 보고에도 불구하고 실적으로 이어지지 않는 비즈니스 안건들이 얼마나 많은가. 영업 매니저라면 누구나 경험해 보았을 것이다.

결론적으로 영업 매니저는 담당 영업맨의 보고를 곧이곧대로 믿어서는 안 된다. 보고는 보고로써 듣고, 그 내용을 다시 정밀하게 알아볼 필요가 있다.

물론 담당 영업맨이 거짓말을 했을 리는 없다. 그는 정말로 '된다'고 느꼈을 것이다. 하지만 그가 접촉하는 상대는 어디까지나 상대 측의 담당 사원일 것이다. 고객 회사의 최종 의사결정권자가 아닐 수 있다는 말이다.

이는 개인을 대상으로 하는 영업에서도 종종 있는 사례이다. 한 영업맨이 가정이 있는 남자, 즉 남편과 어떤 계약에 대해 상담을 하고 긍정적인 답변도 들었다고 한다. 이제 계약서에 서명하는 일만 남았다고 기뻐했는데 뜻밖의 이유로 계약이 불발되어 버렸다. 가정 내 의사결정권자가 남편이 아닌 아내였던 것이다. 남편이 동의해도 아내가 반대하면 계약을 성사시킬 수 없다.

이러한 이유 때문에 영업 매니저는 담당 영업맨이 보고하는 대화의 분위기나 담당 고객에 관한 느낌은 참고 정보로만 생각해야 한다. 고객의 진짜 상황을 알려면 그쪽의 담당 중역은 이 비즈니스에 대해 어떻게 생각하는지, 나아가 사장의 태도는 어떤지를 담당 영업맨에게 알아내어 신중하게 검토해야 한다.

종종 조직의 상사와 부하 직원 관계에 대해 '보고, 연락, 상담이 중요하다'는 말을 한다. 보고, 연락, 상담이 잘 이루어진다는 말은 곧 조직 내의 커뮤니케이션이 활발하다는 의미이기도 하다.

신입 사원 대상의 교육에서는 '보고, 연락, 상담'의 중요성을 강조해도 괜찮다. 상사에게 제대로 보고와 연락을 하고, 문제가 발생하면 즉각 상담을 요청하는 습관은 사회인으로서 지녀야 할 자세다.

하지만 영업 현장에서는 '보고, 연락, 상담'만 추구해서는 살아남을 수 없다. 보고, 연락, 상담은 상사 측이 먼저 나서는 자세가 아닌 '기다리는 자세'만을 취하게 하기 때문이다.

영업 매니저는 각 비즈니스 안건마다 담당 영업맨에게 적절한 조언을 함과 동시에 후방 지원을 할지, 직접 함께 고객을 방문할지를 결정해야 한다. 그런 의사결정의 자료가 되는 정보를 오로지 부하 직원의 보고로만 알고자 한다면 일의 속도를 높일 수 없다.

영업 매니저가 담당 영업맨에게 의사결정에 필요한 정보를 가져오도록 지시하는 건 물론이거니와, 보고를 기다리지만 말고 직접 담당 영업맨에게 물어서 정보를 수집하는 자세를 갖춰야 치열한 영업 경쟁에서 승리할 수 있다.

요컨대 영업 매니저는 부하 직원인 담당 영업맨에게 '영업'을 하듯 정보를 수집해야 한다. 후방에서 부하 직원의 보고만 들으면 되는 시대는 이미 끝났다.

업무 진행도를 파악할 수 있는 질문법

담당 영업맨에게 "이 고객님, 요즘 어때?"라는 간단한 질문을 던짐으로써 고객의 정보와 함께 일의 진행 단계를 파악할 수 있다.

사실 "어때?"라는 질문은 의미가 아주 모호해서 정확하게 답변하기가 난감하다. 하지만 이런 질문이야말로 담당 영업맨에게는 절호의 학습 기회다.

예전에 파생금융상품 영업을 하던 무렵, 고객이 전화를 걸어서는 대뜸 "어때요?"라는 질문을 하는 일이 종종 있었다. 처음에는 '뭐가 어때요'인지 질문의 뜻을 잘 몰라서 우물쭈물했는데, 그러다 보니 고객이 내 대답을 제대로 듣지도 않고 철컥하고 전화를 끊는 상황도 발생하였다. 이래선 영업을 할 수 없다는 마음에 해결 방법을 필사적으로 생각하였고, 그 결과 '지금 무슨 일이 일어나고 있는지', '왜 그렇게 되었는지', '그리고 앞으로 어떻게 해야 할지'를 10초 동안 전달하는 10초 대화법을 익힐 수 있었다.

상사도 마찬가지다. "요즘 어때?"라고 담당 영업맨에게 물어봄으로써 그에게 뭘 어떻게 대답할지 생각하게 만듦과 동시에, 대답한 내용을 토대로 현재 어느 단계까지 일이 진행되었는지 파악할 수 있다.

"어때?"라는 질문을 구체적으로 풀어서 말하면 '신뢰도는 지금 몇 단계지?', '신뢰를 쌓는데 중요한 다섯 가지 질문에 대해 얼마나 대답할 수 있지?'로 표현할 수 있다. 신뢰 단계가 예상대로 점점 올라가고 있고 다섯 가지 질문에 어느 정도 대답할 수 있다면 담당 영업맨과 고객의 비즈니스는 목표대로 잘 진행 중이라 판단할 수 있다.

한편, 기대하는 대답을 제대로 하지 못한다면 구체적으로 "지금 신뢰도가 몇 단계지?", "고객이 좋아하는 건 뭐지?", "고객은 요즘 무슨 생각을 하지?" 등 신뢰의 정도를 확인하는 질문으로 바꾸어 물어야 한다.

영업 매니저가 담당 영업맨에게 할 수 있는 조언이나 장차 어떻게 행동해야 하는지를 판단하는 데 필요한 정보는 다음과 같다.

- 지침1

고객과의 신뢰 관계가 지금 어느 단계이고 다음 단계로 발전하기 위해 무엇을 해야 하는가.

● 지침2
지금 제안하는 상품은 왜 고객에게 필요하고, 이를 설득하기 위해 무엇을 전달해야 하는가.

● 지침3
고객의 결정을 촉구하기 위해서 앞으로 어떠한 질문이 필요하고 무엇을 해야 하는가.

이는 영업 매니저가 담당 영업맨에게 확인해야 할, 이른바 필수 체크리스트다.

다음 도표4는 더 구체적인 질문 리스트다. 영업 매니저가 궁극적으로 알고 싶어 하는 것은 '대질문에 대한 대답'이다. 따라서 담당 영업맨은 대질문, 중질문, 소질문 중 어떤 질문을 받아도 이 세 가지 대질문을 염두에 두고 대답해야 한다.

도표4 | **영업 매니저를 위한 질문 리스트**

대질문	중질문	소질문
그 고객은 요즘 어떤가?	요즘 무엇을 좋아하는가?	· 학창 시절은 어땠나? · 즐겨 먹는 음식이 무엇인가? · 취미가 무엇인가?
	요즘 무슨 생각을 하는가?	· 언제쯤 승진할 것 같은가? · 얼마 전 거래한 그 건은 괜찮았는가?
	요즘 왜 바쁜가?	· 퇴근은 몇 시에 하는가?
	가족 구성원이 어떻게 되는가?	· 가족 여행은 자주 다니는가? · 자녀는 몇 살인가? · 교제하는 사람이 있는가?
	신뢰 관계는 몇 단계인가?	· 한 달에 몇 번이나 고객을 만나는가? · 전화하면 언제든지 만날 수 있는가? · 다음 단계로 발전하기 위해 무엇을 하고 있는가?
무엇을 제안하였는가?	이 상품이 고객에게 왜 필요한가?	· 이 고객에게 정말 그 상품이 필요한가? · 홍보 중인 상품의 포인트를 1분 내로 말할 수 있는가? · 타사의 상품이 더 좋지 않은가?
어떻게 하면 결정을 촉구할 수 있는가?	결정을 내리게 하는 데 무엇을 고려해야 하는가?	· 최종 의사결정의 주체가 누구인가? · 어느 임원이 반대하고 있는가?

가능성을 낮추지 말고 고객의 기대를 컨트롤하라

영업 매니저는 승리하는 팀을 만들어야 한다. 그래서 현장에 나가 일하는 영업맨을 지원하는 것인데, 그만큼 중요한 일이 하나 더 있다. 바로 고객의 기대를 컨트롤하는 것이다.

대부분의 고객들은 영업맨이 '이렇게 더 해줬으면 좋겠다'는 기대를 품고 있다. 여기서 기대는 가격 할인일 수도 있고, 특별한 서비스일 수도 있다.

고객의 요청을 들어주면 비즈니스가 성사될 가능성이 높아지기 때문에 가급적 그렇게 하려고 노력하지만, 그렇다고 해서 회사가 무조건 들어줄 수만은 없다. 따라서 영업 매니저는 고객의 기대와 회사의 허용 범위 사이의 틈을 좁히는 역할도 해야 한다.

영업 매니저는 항상 그 두 가지 틈에 끼어 있다. 나도 현역 시절에 "골드만삭스라면 이 정도는 해주겠죠.", "이렇게 해주시지 않으면 거래는 없던 걸로 합니다."라는 말을 심심치 않게 듣곤 했다.

고객은 영업맨이 어떻게 해주기를 바라지만, 회사로서는 더 많이 양보하면 적자를 볼 수 있다. 그 다툼 속에서 어떻게 균형을 잡고 해결할 수 있을까. 중재가 쉽진 않지만, 영업 팀을 이끄는 수장으로서 매니저가 나서 능력을 발휘해야 한다.

담당 영업맨이 "고객의 요청에 응하지 못하면 비즈니스가 불가능합니다."라고 주장하는데도, "안 되는 건 안 되는 거야. 알아서 해결해!"라고 질타해서는 문제가 해결되지 않는다. 그런 사태가 발생하기 전에, 담당 영업맨을 통해 고객의 기대와 요청하는 바를 확인해둬야 한다.

담당 영업맨은 비즈니스가 성사될 조짐이 보이면 너무 흥분한 나머지 고객이 제시한 조건을 가볍게 넘겨버리는 경우도 종종 있다. 이 때문에 영업 매니저는 그 내용을 담당 영업맨에게 입수하고 회사가 제공할 수 있는 허용 범위를 고객에게 전달해 고객의 기대가 대응 가능한 수준에 그치게끔 미리 컨트롤해야 한다.

해외여행을 자주 다니는 친구의 말에 따르면 유능한 가이드는 고객들의 기대를 잘 컨트롤한다고 한다. 예를 들어 "이 레스토랑은 종업원들이 아주 느긋해서 음식을 오래 기다리셔야 합니다.", "모두 같은 시간대에 목욕탕에 들어가면 물이 안 나올 수 있습니다." 등 클레임이 될 수 있는 요소들을 교묘하게 '예고'해 둔다.

실제로 파리나 런던에는 오래된 건물을 활용한 운치 있는 호텔일수록 수도 설비가 낙후되어 물이 나오지 않는 사태가 발생하는 일이 많다. 그 사실을 이용객들에게 미리 인지시켜주는 가이드의 말이 바로 '기대의 컨트롤'인 것이다. 막상 목욕탕에 들어가려는데 물이 안 나오면 손님은 격하게 클레임을 제기하겠지만, 미리 그런 일이 발생할 수 있다고 알려 둠으로써 기대 수준을 낮춰 불만을 억제할 수 있다.

영업에서도 이는 정말로 필요한 방법이다. 평소 고객과 대화를 나누면서 "여기까지는 가능하지만, 더는 어렵습니다."하고 자연스럽게 허용 범위를 내비치며 고객의 기대를 컨트롤해야 한다.

하지만 끝까지 자신의 요구 사항을 들어 달라 부탁하는 고객도 있다. 이때 담당 영업맨이 "그건 불가능합니다."라고 말하면 고객이 화를 내며 비즈니스 성사의 가능성이 사라질 수 있기 때문에 그럴 땐 영업 매니저가 직접 고객을 방문하는 것이 좋다. 그리고 "여기까지는 가능하지만, 더는 어렵겠습니다."라고 성심성의껏 설득에 임해야 한다.

주의해야 할 점은 간단하게 "불가능합니다."라고만 해서는 고객의 기분을 더 상하게 할 수 있으므로 "여기까지는 가능합니다."라는 말로 양보 가능한 선을 제시해야 한다는 것이다. 이렇게까지 해도 '조금만 더'라며 버티는 고객도 있어서 고성이 오가는 일도 생기기 마련이다. 사실 이런 경우는 나 역시도 뚜렷한 해결책을 가지고 있지 않다. 다만 최종 국면의 공방전에서는 그간 고객과 얼마나 신뢰를 쌓았는지가 협상 타결에 큰 영향을 미치기 때문에 미리미리 신뢰를 쌓는 일이 얼마나 중요한 지 다시 한 번 통감하게 된다.

이런 공방전을 거친 뒤에는 고객이 결국엔 납득을 하기도 하지만, 유감스럽게도 비즈니스를 놓치는 일도 생긴다. 어쨌든 영업 매니저는 고객의 기대를 컨트롤하는 일이 중요하다는 사실을 인지하고 있어야 한다. 이에 대한 매니저의 인식 여부에 따라 담당 영업맨에게 하는 조언도 완전히 바뀔 수 있고, 고객을 대응하는 방법도 달라지기 때문이다.

앞서 영업 매니저는 보고, 연락, 상담을 기다리는 것이 아니라 스스로 정보를 수집해야 한다고 했는데, 이는 고객의 기대를 미리 파악하기 위해서도 아주 좋은 자세이다.

타깃과 목적이 분명한 사과를 하라

고객을 상대하다 보면 정말 여러 가지 일들이 발생한다. 가장 괴로운 건 우리 쪽에서 저지른 실수로 인해 고객이 피해를 입었을 때다.

고객에게 폐를 끼치는 경우는 크게 두 가지로 나뉜다. 하나는 담당 영업맨이 잘못 듣거나 제대로 확인하지 않아서 발생하는 실수, 다른 하나는 우리 쪽 조직 혹은 외부 조직에서 어떤 일이 발생하여 고객과의 약속을 지키지 못하거나 기대에 부응하지 못하는 경우다.

어느 경우든, 영업 매니저는 "왜 그렇게 된 거야."라고 말하며 담당 영업맨에게 책임을 추궁해선 안 된다. 애초에 영업 매니저가 고객에게 폐를 끼치지 않도록 비즈니스 도중에 확인을 해서 실수가 발생하지 않게 했어야 한다.

문제를 미연에 방지하는 일도 영업 매니저의 업무지만 문제가 발생했을 때야말로 영업 매니저의 역할이 중요하다. 담당 영업맨이 "이런 일이 생겼습니다."라며 허둥지둥 보고했을 때, 놀라고 화가 치밀어 오르지만 그럴수록 냉정하게 대응해야 한다.

이런 순간에 영업 매니저가 생각해야 할 일은 다음과 같다.

● 생각1

고객의 피해 정도와 규모를 파악한다.

● 생각2

이로 인해 발생할 회사의 손실을 파악한다.

● 생각3

실수의 원인과 대응을 생각하고, 사죄할 점을 명확하게 해 곧장 고객을 방문한다.

실수나 문제가 발생하면 고객과 우리 쪽 모두에게 상당한 피해를 줄 수 있다. 행여나 금전적인 손실은 막았더라도 고객 측도 상사에게 보고하고 서류를 변경해야 하는데 내용과 정도에 따라서는 타 부서 사람들까지도 번거롭게 만들 수 있다.

또한 고객 측 담당자가 자신의 상사로부터 "왜 그런 회사를 선택했느냐.", "제대로 확인하지 않았기 때문에 이런 일이 발생한 것 아니냐."라고 질타를 받는 난감한 상황까지 초래할 수 있다.

    사과 차 방문을 할 때는 먼저 고객에게 어떤 폐를 끼쳤는지 제대로 인식해야 한다. 무엇을 사과하는지조차 파악하지 않은 채 그저 하고 마는 형식적인 사과는 고객의 노여움만 키울 뿐이다. 이런 상황일수록 확실하게 대응한다면 '무슨 일이 발생했을 때 저 회사는 대응을 제대로 한다'며 고객의 신뢰를 회복할 수도 있다.

    기업 대 기업의 비즈니스에서는 우리 쪽의 실수 때문에 상대가 어떠한 제재를 가할 때도 있다. 나도 다른 회사의 실수로 인해 피해를 입었을 땐 피해의 정도를 판단해 그 회사에 '출입 금지'라는 제재를 내린 적이 있다.

    특히 조직의 실수로 발생한 문제라면 회사가 신뢰를 잃었더라도 담당 영업맨만큼은 변함없는 서비스를 제공하게 했다. 고객과의 관계를 잘 유지시키면 언젠가는 출입 금지 조치가 풀릴 것이라는 믿음으로 하락한 신뢰 관계를 한 걸음씩 회복하기 위해 최선을 다해야 한다.

에피소드 5

네 영어는 뉴욕에서 안 통해!

외국계 금융 기업에 근무하면서 가장 어려웠던 건 뭐니 뭐니 해도 '영어'였다. 젊은 시절엔 상사와 선배들도 대부분 일본인이었기 때문에 큰 문제가 없었지만, 매니저가 되고 나서부터는 외국인 상사를 모시거나 뉴욕, 런던 지사에 있는 상사와도 자주 연락을 했기 때문에 그야말로 영어는 필수였다.

영업 팀의 총책임자가 되었을 땐 업무력 향상을 위해 회사가 리더십 코치를 붙여주었다. 그 코치는 내 영어 실력에 대해 다음과 같이 말했다.

"도키 씨의 영어는 뉴욕에서는 통하지 않아요."

나는 그 조언을 듣고 일단 영어 수업을 받기로 했다.

그런데 코치는 왜 내 영어가 '외국인'도 아닌 '미국인'도 아닌 '뉴욕에서 통하지 않는다'고 했을까. 코치는 내 발음도 문제지만 또 다른 커다란 약점이 있음을 지적했다. 뉴욕 사람들은 미국 내에서도 성질이 급한 편이라 회의에서도 누군가의 발언이 채 끝나기도 전에 다른 사람이 이야기를 시작한다. 그렇기 때문에 서투른 내 영어 실력으로는 도저히 대화에 끼어들 수 없다는 것이다.

나는 반신반의하는 마음에 일본에서 심야 시간에 열리는 뉴욕과의 전화 회의나 실제 뉴욕 출장 중 회의에 참석해 뉴욕 사람들이 사용하는 영어를 주의 깊게 듣고 관찰했다. 역시 듣던 대로 앞사람의 이야기가 미처 끝나기도 전에 다른 사람이 이야기를 시작했다. 하지만 이상하게도 불만을 제기하는 사람도 없고 불쾌해하지도 않으며 자연스럽게 회의가 진행되었다.

일본에서는 '다른 사람의 이야기가 끝날 때까지 조용히 기다리는 것'을 예절로 알고 배웠다. 하지만 뉴욕에서 그 말을 지키고 있다가는 회의장에서 입도 벙긋하지 못할 것이다. 상대방의 얼굴이 보이지 않는 전화 회의는 더더욱 그러하다.

그 뒤로부터 나는 뉴욕 회의에 참석할 때 미리 내가 말하고 싶은 내용을 다섯 가지 정도로 정리해 두고, 언제 대화에 끼어들지 신중하게 지켜보다가 그야말로 다이빙대에서 뛰어내리는 심정으로 대화에 참여하였다.

여기서 가장 신경을 쓴 부분은 내 이야기가 끝나기 전 다른 사람들이 이야기를 시작할 것에 대비해 짧은 시간 안에 내가 전달하고 싶은 포인트 전달을 마치는 것이었다. 몇 번이고 연습을 반복해서 세 가지 정도의 포인트를 30초 안에 말할 수 있게 되었다. 또 "제가 말하려는 세 가지 포인트가 있습니다. 첫째, 둘째, 셋째……."라는 대화 방법도 자주 사용했다. 화술이 뛰어난 사람들이 주로 쓰는 방법인데, 이렇게 말하면 세 가지 포인트를 다 말할 때까지 다른 사람들이 기다려줄 가능성이 높아진다.

다시 말해, 영어로 '1분 대화법'을 트레이닝한 것이다. 포인트를 정리해서 간결하고 이해하기 쉽게 전달하는 것이 얼마나 중요한지 새삼 깨달은 귀중한 기회였다.

| 에필로그 |

형식적인 방법으로는
마음을 사로잡을 수 없다

비즈니스를 승리로 이끄는 다섯 가지 마음가짐

사람과 처음 만나 대화하기조차 어려웠던 내가 오랫동안 영업을 할 수 있었던 비결은 영업 안에 정말 중요한 본질이 있음을 발견하고 그걸 추구했기 때문이다. 하지만 아직까지도 영업이란 정말 심오한 것이라 생각하고 있다.

웃는 얼굴로 고객을 대해도 왠지 형식적이란 느낌을 지울 수 없을 때가 있다. 패밀리 레스토랑이나 패스트푸드 가게에서는 종업원들이 환한 미소로 "어서 오세요."라고 맞이해주기 때문에 고객의 입장에선 기분이 좋아지지만, 그래도 왠지 매뉴얼 같다는 느낌을 받는다. 영업은 고객을 진정으로 생각하는 마음이나 어떻게든 고객에게 도움이 되고 싶다는 정신이 중요하며, 이는 형태로 보이진 않지만 고객에게 고스란히 전달된다.

고객이 구매한 상품이나 서비스로 인해 이익을 얻었거나 편리해졌다면 영업에 종사하는 사람으로서 그보다 더 기쁜 일이 없었다. 영업은 고객과 우리에게 모두 플러스가 되며 영업의 목표는 고객과 'Win-Win 관계'를 구축하는 일이다.

비록 이상적인 이야기일지 몰라도 영업맨이라면 고객의 기쁨을 바라는 자세만큼은 절대 잃어버려서는 안 된다. 나는 영업이 많은 사람들에게 기쁨을 줄 수 있는 일이라 생각했기 때문에 수많은 어려움도 극복할 수 있었고 오랜 세월 이 일에 전념할 수 있었다.

이 책을 읽은 독자들이 반드시 알았으면 하는 게 있다. 내가 책에서 서술한 '3단계 설득법'과 '절대 대화법'은 단순히 고객을 계약서에 서명하게 만들기 위한 것만은 아니라는 점이다.

영업을 함에 있어 왜 절대 대화법이 필요할까. 거듭 반복하지만 고객의 생각을 알고 고객이 결정을 내리게 만들기 위해서다. '가려운 곳을 긁어 준다'는 말로도 표현할 수 있는데, 상대방의 니즈를 캐치하고 그것에 해당하는 정보를 제공하기 위해서는 우선 상대방이 무슨 생각하는지 파악할 필요가 있다. 충분한 대화의 캐치볼 과정을 통해 고객과 신뢰를 쌓고 더불어 고객이 무엇을 바라고 생각하는지 알아채서 가장 좋은 상품이나 서비스를 제안한다. 즉, 3단계 설득법이나 절대 대화법은 고객과 나 모두에게 플러스가 되는 비즈니스를 하기 위해 영업맨이 알아야 할 기술인 것이다.

마지막으로 영업을 하는 데 있어서 중요한 다섯 가지 마음가짐을 소개하며 이 책을 마치고자 한다. 이는 내가 영업에서 가장 중요하다고 느꼈던 것들이며 내 행동이 거기에 부합하는지를 항상 스스로에게 물었다. 이 마음가짐을 지키려고 노력한다면 영업은 창조적인 업무가 될 것이며 고객과 나에게 커다란 기쁨을 선사할 것이다.

● **마음가짐1 고객에 대해 더 많이 연구하라**

Part1에서 소개한 신뢰를 쌓는 다섯 가지 질문 중 '고객은 무엇을 좋아하는가?', '고객은 요즘 무슨 생각을 하는가?', '고객이 교제하는 사람은? 가족 관계는?'이라는 질문은 고객에 대해 더 많이 알고 싶다는 마음에서 비롯된 것이다.

● **마음가짐2 고객에게 도움이 되는 일을 하라**

영업을 하다보면 '이 건은 어느 정도의 수익을 낼 수 있는지', '리스크가 큰 데 제안해도 될지', '반드시 성사시키고 싶은 건인데 어떻게 해야 할지' 등 다양한 생각이 들기 마련이다. 그럴 때 내 판단 기준은 오로지 '고객에게 도움이 되는가'였다. 그것이 고객에게 도움이 되는 일이라면 수용하고 그렇지 않으면 받아들이지 않았다. 가령 고객이 화를 내거나 내가 고객에게 혼날지 모른다며 정보를 전달하는 일을 망설인다면 여전히 고객보다 자신을 우선시하고 있다는 의미다. '고객에게 도움이 되고 싶다'는 마음을 판단의 축으로 삼으면 어떠한 어려운 상황에 봉착했을지라도 쉽게 그 해답을 찾을 수 있다.

● 마음가짐3 **고객이 결정을 내릴 수 있도록 도와라**

고객이 '결정을 내린다'는 건 영업맨인 나에게도 아주 중요한 일이지만 동시에 고객도 어느 정도의 리스크를 짊어지는 일이다. 그러므로 영업맨은 의사결정을 하는 사람이 제대로 판단하는 데 도움이 되는 정보를 제공해야 한다. 만약 당장 자신의 이득만을 생각해 고객에게 손해가 되는 정보를 숨겼더라도 이는 언젠가 꼭 밝혀질 것이다. 설령 그 순간 비즈니스를 성사시켰다 해도 영업의 목숨과도 같은 신뢰를 영영 잃어버리게 된다.

다시 한 번 강조하건대, 영업맨의 임무는 고객이 결정을 내리게 하는 것이고 대화 속에서 고객이 어떤 결정을 내릴지 미리 파악해 그에 맞는 정보를 제공하는 일이다. 그러기 위해서는 고객의 결정을 돕고 싶다는 마음가짐이 전제되어야 한다.

● **마음가짐4 불굴의 의지로 새로운 니즈를 창출하라**

간혹 영업맨은 고객에게 '미지의 것'을 제안해야 할 때가 있다. 아무도 신발을 신은 적 없는 아프리카 원주민들에게 신발을 팔아야 하고, 다카타 사장처럼 고가의 비디오카메라를 제안해야 한다. 앞서 말했던 내 과거 경험 중 일본 경제가 호황일 때 주식 파생금융상품을 팔아야 했던 일은 앞으로 발생할 고객의 니즈를 미리 발굴한 사례다.

미지의 것을 고객에게 제안하는 일은 분명 어려운 일이지만, 동시에 새로운 시장을 개척하는 일이며 그 선구자로서 엄청난 열매를 손에 넣을 수 있는 기회다. 새로운 니즈를 발굴하고 창출하려면 그것이 왜 고객에게 필요하고 유익한지를 필사적으로 생각해야 한다.

● **마음가짐5 언제나 고객과 신뢰를 쌓기 위해 노력하라**

비즈니스의 성사 여부는 전적으로 고객과 신뢰를 얼마나 쌓았는지에 따라 결정된다. 그 때문에 영업맨은 매 순간 고객과의 신뢰 단계를 체크하고 관계를 발전시키기 위해 노력해야 한다. 본래 타고나길 친화력이 좋고 심성이 착해 남들과 잘 어울리고 신뢰를 잘 쌓는 사람도 있을 것이다. 하지만 이는 노력으로도 충분히 가능하다. 비즈니스 상황과 고객의 성격에 따라 노력의 정도와 여부는 달라지겠지만, 아래에 제시한 성격을 갖기 위해 노력한다면 반드시 고객과 탄탄한 신뢰를 쌓을 수 있을 것이다.

고객과 신뢰를 형성하기 위해 영업맨이 가져야 할 성격은 다음과 같다.

정직하고 성실하기

영업을 하면서 실수를 저질렀을 때, '설마 이 정도는 모르겠지.'라는 생각에 무심코 넘어간다면 고객에게 손해를 입힐 수 있음은 물론 설령 손해가 발생하지 않았더라도 언젠가는 반드시 고객이 알아차리기 마련이다. 고객과 대화하면서 내가 변명하거나 핑계를 대고 있진 않은지 생각해보길 바란다.

항상 도움이 되고자 노력하기

지금은 비즈니스 관계가 아닌 사람일지라도 언젠가는 내 고객이 될 수 있다는 마음가짐으로 지금 그에게 필요한 건 무엇인지, 내가 어떤 도움이 될 수 있을지를 늘 생각해야 한다.

강인한 정신력 가지기

영업을 하면서 고객의 호통이나 무관심에 주눅 들어선 안 된다. 고객의 불평을 듣는 일은 영업의 세계에서 흔하다. 오히려 "죄송합니다. 나름대로 공부해봤는데, 이런 방법은 어떻습니까?"라며 다시 제안하고 해결책을 찾는 강인한 정신력이 필요하다. 또한 실적을 올려야 한다는 부담감을 극복하고 한결같이 성실함을 유지할 수 있는

뚝심도 필요하다.

쓸데없는 자존심 버리기

영업을 하는데 자부심은 필요하지만 자존심은 필요 없다. 다시 말해 자존심이 밥 먹여주지 않는다는 것이다. 나는 고등학교 시절에 검도부를 했는데, 쉬는 시간마다 선배들이 개인기를 시키곤 했다. 동기들은 재미있는 재주를 부리며 즐거운 분위기를 잘 만들었는데, 나는 부끄러워서 아무것도 하지 못했다. 그런데 영업을 시작하고 얼마 지나지 않아 우스꽝스러운 코스프레 의상을 입고 아무렇지 않게 고객 앞에서 춤을 추고 있는 내 모습을 발견할 수 있었다. 고객이 기뻐해주길 바라는 일념으로 부끄러워하기는커녕 고객을 위해 바보가 될 수 있는 내 자신이 무척 자랑스러웠다.

어떤가. 이것이 바로 21년 반에 이르는 내 영업 인생에서 얻은 다섯 가지 진리다. 상황에 따라 다르게 활용해야겠지만, 비즈니스를 하는 데 많은 참고가 되었으면 한다.

사람들과 처음 만나는 게 불편하고 잘 어울리지도 못했던 내가 치열한 금융 영업 세계에서 살아남는 방법을 찾고 최고의 자리에 올랐다는 건 정말로 자랑스러운 일이다. 이 모든 게 나에게 가르침을 주었던 많은 상사와 선배들, 동료들, 후배들, 그리고 질타와 격려를 아끼지 않았던 고객들 덕분이라 생각한다.

　이 책은 이 땅의 수많은 영업맨들에게 보내는 내 응원의 메시지다. 영업만큼 역동적이고 재미있는 일도 흔치 않다. 영업만큼 다른 사람들을 행복하게 하고 노력이 결과로 분명하게 보상받는 일도 드물다.

　더불어 이 책에서 서술한 '3단계 설득법'과 '절대 대화법'은 세계 최고의 금융 기업 골드만삭스에서 배우고 터득한 업무 노하우로, 모든 비즈니스맨들에게 좋은 지침이 될 것이라 확신한다. 내가 경험을 통해 부딪치고 깨지며 배운 이 모든 지혜가 독자 여러분에게 도움이 된다면 그보다 더 큰 기쁨은 없을 것이다.

| 후기 |

어느 분야나 천재적인 업무 능력과 탁월한 센스를 가진 사람이 있게 마련이다. 영업의 세계도 마찬가지로 나보다 실력이 뛰어나거나 더 높은 자리에 오른 사람이 수도 없이 많았다. 고객과 약속도 없이 "안녕하세요."라는 인사말만 준비한 채 비즈니스를 하러 가는 선배들을 보며 '약속도 없이 고객을 찾아가다니 정말 무례하군'이라 생각했고, 그럼에도 불구하고 좋은 결과를 내는 모습을 보며 영업 센스가 턱없이 부족했던 나는 그렇게 부러울 수가 없었다.

맥주 한 캔도 다 마시지 못할 정도로 술이 약하고 사람들과 잘 어울리지도 못할 뿐 아니라 태도는 그럴싸한데 소심함이 훤히 드러나 보이는 어설펐던 내가 골드만삭스의 전설의 영업왕이 되고 사장 자리까지 오를 수 있었던 사실이 아직도 잘 믿기지 않는다.

영업을 하면서 항상 지키려고 했던 내 유일한 신념은 '고객에게 도움이 되고 싶다'는 마음이었다. 늘 어떻게 하면 고객에게 도움이 될지 생각하며 매사에 임했다. 내 도움에 크게 만족한 고객도 있었지만, 뻔뻔하고 말 많은 녀석이라며 나를 귀찮은 존재로 여긴 고객도 있었다.

선배들은 종종 "영업맨은 고객이 키우는 거야."라는 말을 했다. 지금 와서 돌이켜보면 나 역시 고객에 의해 성장했다고 생각한다. 얼마 전 내가 골드만삭스에 갓 입사했을 때 담당했던 고객을 만나 이 책에 대한 이야기를 했더니 "그때는 정말 어리바리하고 영업맨 분위기가 안 났었는데, 그래도 그만두지 말았으면 좋겠다고 마음속으로 응원했어요."라는 말을 해 주었다. 영업의 'ㅇ'자도 몰랐던 내가 이 자리까지 올 수 있었던 건 모두 고객 덕분이라는 걸 새삼 느낀 순간이었다.

본문에서도 언급했던 프로야구 선수 출신인 니시오카 요시히로 씨를 통해 현재 요미우리 자이언츠 1군 코치를 맡고 있는 무라타 신이치[村田真一] 씨와도 이야기를 나눌 기회가 있었다. 니시오카 씨의 '당연한 일을 당연하지 않을 만큼 하는 게 중요하다'는 말이 정말 인상적이었다는 대화를 주고받았는데, 무라타 씨는 "도키 씨의 세계도 숫자가 전부라는 점에서 우리의 세계와 비슷하군요."라고 말했다. 타율을 높여야 하는 프로야구의 세계와 실적을 올려야 하는 영업의 세계를 두고 한 말이었는데, 혹독한 프로의 세계에서 살아남은 그들의 이야기는 나에게 큰 귀감이 되었다.

또 방송 프로그램에서 사회자로 활약하고 있는 나카야마 히데유키 씨를 만날 기회가 있어서 생방송 전에 미리 코멘트 원고를 준비하는지 물었더니 "즉석으로 합니다."라는 대답이 돌아왔다. 어떤 코멘트를 할지, 무엇을 시청자에게 전달할지를 순간적으로 생각하고 이것이 방송에서 해도 되는 말인지까지를 판단해 이야기한다는 것이었다. 실로 프로 그 자체라고 감탄했다. 영업과 달리 생방송 프로그램 사회자는 자신의 말이 전국으로 실시간 중계되기 때문에 그 긴장감이 상당할 것이다. 나카야마 씨를 비롯한 프로 사회자들은 1분 대화법에 능하고 필요에 따라서는 이를 30초 혹은 10초로 줄여서 사용하고 있는 것이다.

엄청난 능력을 가진 프로들, 그들 중 다시 프로를 가려내는 기준은 '기본기가 탄탄해 몸이 본능적으로 반응하는지' 여부다. 프로야구 선수들이 치열한 1군 경쟁에서 살아남기 위해 죽기 살기로 기본기를 연습하는 것처럼, 영업맨도 프로 영업맨이 되기 위해서는 영업의 기본기를 탄탄하게 쌓아야 한다. 이러한 생각 끝에 1분 대화법과 10초 대화법을 합친 '절대 대화법'을 고안해냈다.

나에게 있어 절대 대화법은 영업을 할 때 절대적으로 필요한 대화법이자 절대적인 힘을 발휘했다. 그리고 이 덕분에 내가 영업의 세계에서 프로로 자리매김할 수 있었다. 소심한 나도 할 수 있었기 때문에 다른 사람도 못할 이유가 없다. 이 책이 프로 영업맨을 꿈꾸는 사람은 물론 회사에서 상사와의 관계에 어려움을 겪는 사람들, 입사 면접을 앞둔 학생들, 나아가 사람들과 더 밀접하게 커뮤니케이션 하길 원하는 모든 이들에게 도움이 되길 바란다.

나는 고객들에게 더 많은 도움을 줄 수 있는 일이 무엇인지 생각한 결과 지금은 대학원에서 학생들을 가르치면서 앞으로 성장이 기대되는 신흥국의 경제 성장과 투자에 관해 연구하고 있다. 장차 일본 기업의 신흥국 진출과 투자자들에게 도움이 되길 바라고 있다. 더불어 고(故) 이노우에 히사시 씨의 명언처럼 '어려운 것을 더 쉽게, 쉬운 것을 더 깊게, 깊은 것을 더 재미있게' 전달하는 것을 목표로 학문에 매진하고 있다.

이 책에서는 영업에 종사하는 사람을 통칭해 '영업맨'이라 표현했다. 여기서 '맨'은 남자가 아닌 '사람들, 인류'라는 의미로 사용했기 때문에 여성들도 거리낌 없이 읽어주길 바란다.

마지막으로 21년 반 동안 내가 영업과 매니지먼트를 할 수 있게 해 준 골드만삭스 그룹과 그곳에서 만난 상사와 선배들, 동료들, 후배들 그리고 나를 어엿한 영업맨으로 성장시켜준 모든 고객들에게 진심으로 감사의 말을 전한다. 그리고 이 책을 구성하고 편집하는데 사카즈메 이치로[坂爪一郎] 작가님에게 많은 도움을 받았다. 출판에 대해 아무것도 모르는 나를 격려하며 끈기 있기 지도해 준 도요[東洋]경제신보사의 야마자키 고빈[山﨑豪敏] 씨와 후지야스 미나코[藤安美奈子] 씨에게도 이처럼 멋진 기회를 준 점 감사드린다.

도키 다이스케

옮긴이 김윤수

동덕여자대학교 일어일문학과, 이화여자대학교 통역번역대학원을 졸업했다. 옮긴 책으로는 『경영의 가시화』, 『영업의 가시화』, 『얼굴도 예쁜 그녀가 전략의 신이라면』, 『3의 마법』, 『너를 위한 해피엔딩』, 『초식남이 세상을 바꾼다』, 『한밤중의 베이커리』, 『Mr. 샐러리맨 공부 필살기』, 『날아라 로켓파크』, 『완전한 수장룡의 날』 등이 있다.

소심했던 내가 골드만삭스의 사장이 될 수 있었던 비결
왜 나는 영업부터 배웠는가

초판 1쇄 발행 2014년 8월 22일
초판 19쇄 발행 2025년 12월 1일

지은이 도키 다이스케
옮긴이 김윤수
펴낸이 김선식

부사장 김은영
콘텐츠사업4팀장 임소연 **콘텐츠사업4팀** 박윤아, 김민경, 옥다애, 최유진
마케팅사업2팀 오서영 **홍보2팀** 정세림, 고나연
브랜드사업본부장 정명찬
브랜드홍보팀 오수미, 서가을, 박장미, 박주현 **영상홍보팀** 이수인, 염아라, 이지연, 노경은
저작권팀 성민경, 이슬, 윤제희 **편집관리팀** 조세현, 김호주, 백설희
재무관리팀 하미선, 임혜정, 이슬기, 김주영, 오지수
인사관리팀 강미숙, 김혜진, 이정환, 황종원
제작관리팀 이소현, 김소영, 김진경, 유미애, 이지우, 황인우
물류관리팀 김형기, 김선진, 주정훈, 양문현, 채원석, 박재연, 이준희, 문명식
외주스태프 교정교열 이호빈

펴낸곳 다산북스 **출판등록** 2005년 12월 23일 제313-2005-00277호
주소 경기도 파주시 회동길 490 다산북스 파주사옥 3층
전화 02-702-1724 **팩스** 02-703-2219 **이메일** dasanbooks@dasanbooks.com
홈페이지 www.dasanbooks.com **블로그** blog.naver.com/dasan_books
용지 신승INC **인쇄** 상지사 **코팅 및 후가공** 평창피엔지 **제본** 상지사

ISBN 979-11-306-0391-9 (13320)

• 책값은 뒤표지에 있습니다.
• 파본은 구입하신 서점에서 교환해드립니다.
• 이 책은 저작권법에 의하여 보호를 받는 저작물이므로 무단 전재와 복제를 금합니다.

다산북스(DASANBOOKS)는 책에 관한 독자 여러분의 아이디어와 원고를 기쁜 마음으로 기다리고 있습니다. 출간을 원하는 분은 다산북스 홈페이지 '원고 투고' 항목에 출간 기획서와 원고 샘플 등을 보내주세요. 머뭇거리지 말고 문을 두드리세요.